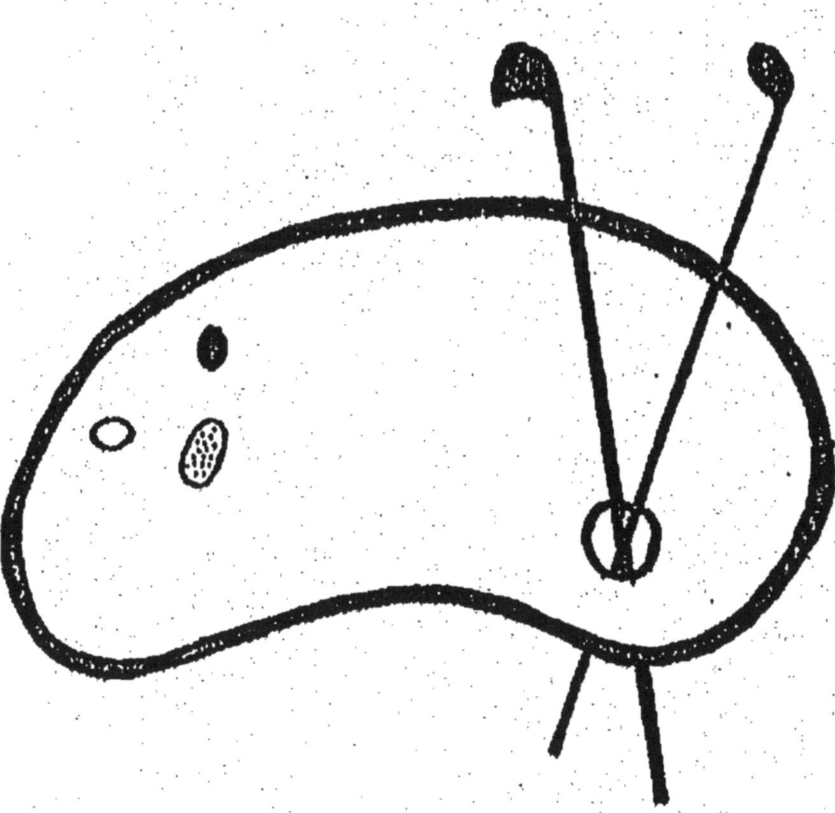

DEBUT D'UNE SERIE DE DOCUMENTS
EN COULEUR

# DE

# L'ENSEIGNEMENT SECONDAIRE

## CLASSIQUE

## EN ALLEMAGNE ET EN FRANCE

MÉMOIRE LU AU CONSEIL ACADÉMIQUE DE PARIS

Le 27 novembre 1872

AVEC DES NOTES ET DOCUMENTS NOUVEAUX

SUR L'ÉTAT DE L'ENSEIGNEMENT SECONDAIRE

EN FRANCE EN 1870

PAR

## F. DELTOUR

Inspecteur général de l'Instruction publique (Enseignement secondaire)

PARIS

LIBRAIRIE HACHETTE ET Cⁱᵉ

79, BOULEVARD SAINT-GERMAIN, 79

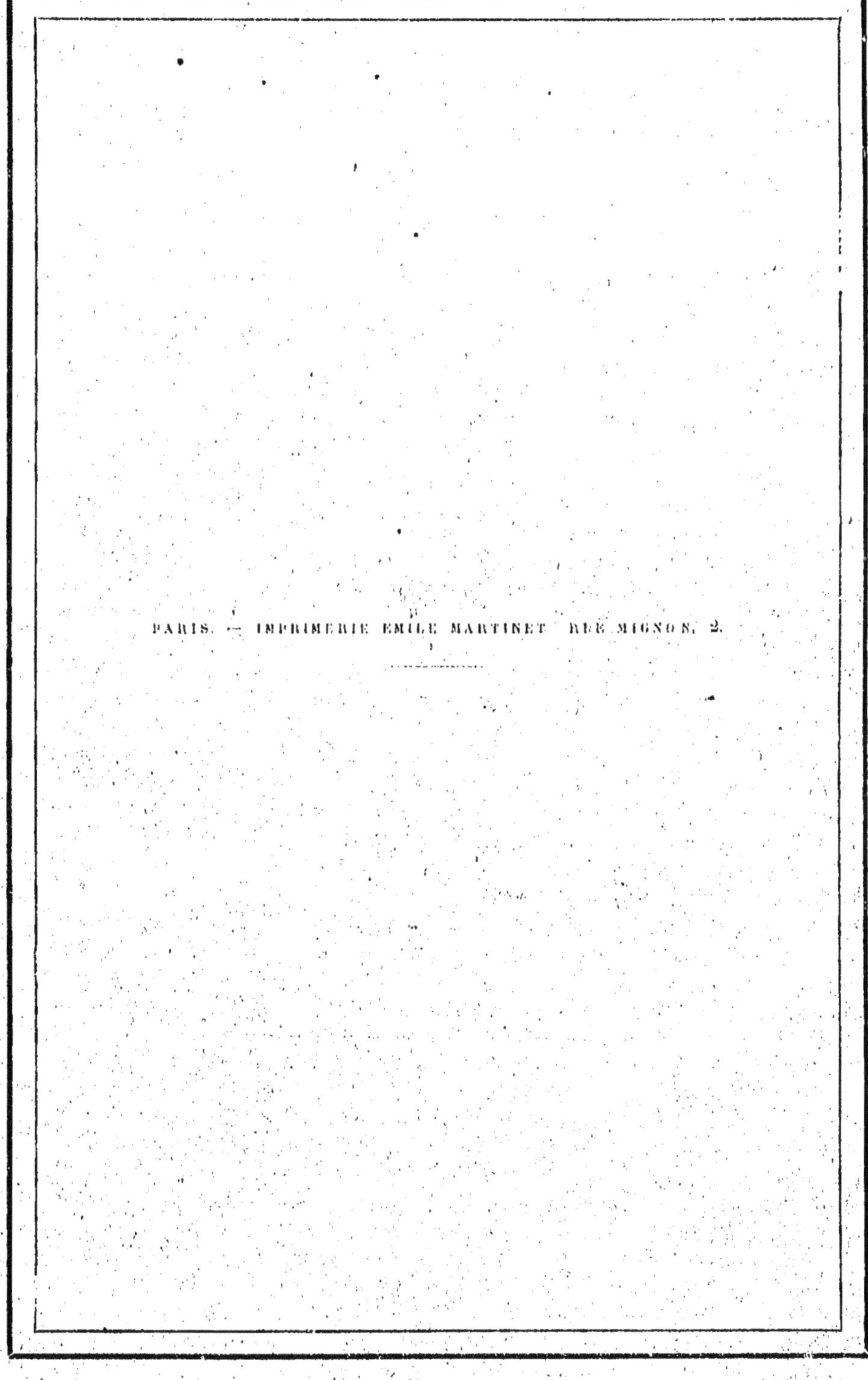

PARIS. — IMPRIMERIE ÉMILE MARTINET, RUE MIGNON, 2.

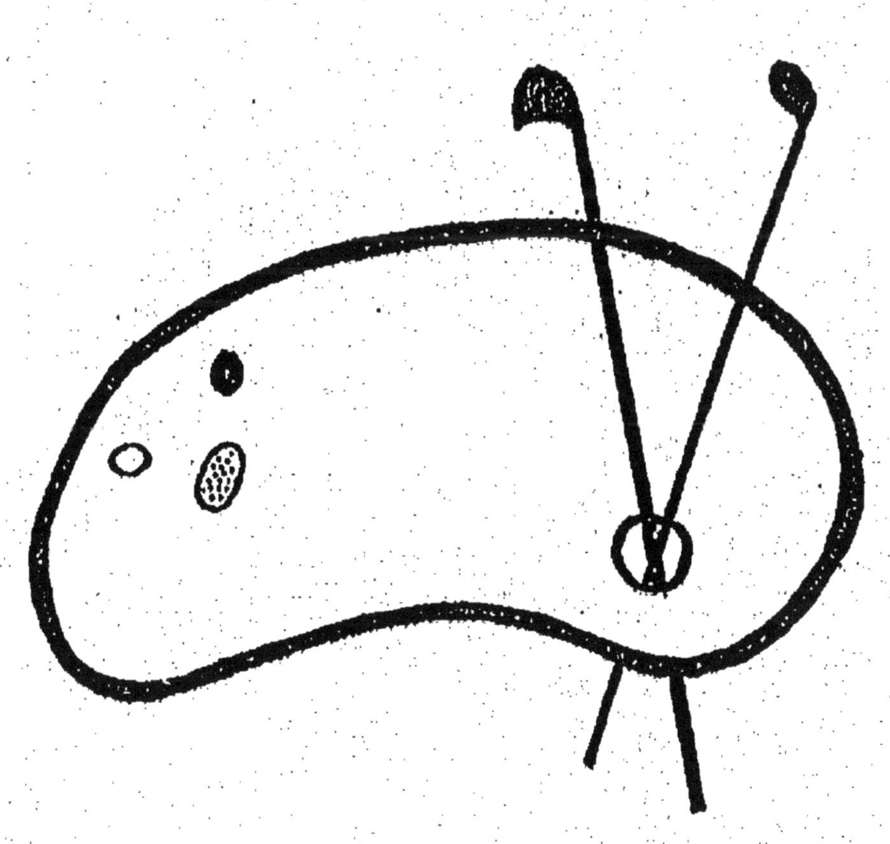

FIN D'UNE SERIE DE DOCUMENTS
EN COULEUR

# DE
# L'ENSEIGNEMENT SECONDAIRE

## CLASSIQUE

## EN ALLEMAGNE ET EN FRANCE

PARIS. — IMPRIMERIE E. MARTINET, RUE MIGNON, 2

# DE
# L'ENSEIGNEMENT SECONDAIRE

## CLASSIQUE
## EN ALLEMAGNE ET EN FRANCE

### MÉMOIRE LU AU CONSEIL ACADÉMIQUE DE PARIS
Le 27 novembre 1872

AVEC DES NOTES ET DOCUMENTS NOUVEAUX
SUR L'ÉTAT DE L'ENSEIGNEMENT SECONDAIRE
EN FRANCE EN 1870

PAR

## F. DELTOUR
Inspecteur général de l'Instruction publique (Enseignement secondaire)

———•———

PARIS
LIBRAIRIE HACHETTE ET Cᵉ
9, BOULEVARD SAINT-GERMAIN, 79
1880

# AVERTISSEMENT

———

Le mémoire que nous publions et qui a été lu dans une séance du Conseil académique de Paris, en novembre 1872, c'est-à-dire il y a sept ans, devait être imprimé au commencement de l'année 1873. Les membres de la commission de réforme des études secondaires, MM. Bersot, Bréal, Janet, Jourdain, Mézières [1], après avoir pris connaissance de cette Étude, nous invitaient à la faire paraître ; M. Jules Simon, ministre de l'Instruction publique, nous y autorisait. Le désir de compléter nos recherches retarda notre décision ; bientôt une extrême fatigue, suite du travail forcé des cinq derniers mois, nous imposa un repos absolu. Sur ces entrefaites, les changements politiques avaient leur contre-coup dans le gouvernement de l'Instruction publique ; la retraite de M. Jules Simon emportait les essais de réforme et enlevait à notre publication tout son

———

1. Cette commission, présidée par le ministre, avait pour secrétaire M. Manuel, chef du cabinet.

à propos. Le mémoire rentra dans nos cartons pour n'en plus sortir jusqu'à ces dernières semaines.

Mais aujourd'hui que la question des réformes est de nouveau agitée, et que M. le ministre de l'Instruction publique l'a posée officiellement dans la solennité de la distribution des prix du concours général, nous avons cru devoir, comme nous le demandaient plusieurs amis, reprendre notre ancien travail. Nous l'avons soumis pour la seconde fois à un juge d'autant plus compétent, qu'il a visité à plusieurs reprises les gymnases de l'Allemagne [1]. En nous signalant quelques erreurs de détail que nous avons eu soin de corriger, il a bien voulu nous rassurer sur l'exactitude de tout le reste. Ses encouragements, qui ne nous avaient pas manqué déjà en 1872, et ceux de quelques autres hommes considérables, nous ont décidé à porter enfin ce mémoire à la connaissance de l'Université et de tous ceux qui, dans notre pays, ont à cœur les grands intérêts de l'enseignement secondaire.

Nous n'avons rien changé ni pour le fond ni pour la forme au mémoire de 1872 ; nous lui avons laissé son caractère officiel. Mais nous y avons joint, tantôt comme notes au bas de la page, tantôt comme appendices rejetés à la fin de la brochure, des appréciations et des renseignements qui se rapportent à l'état présent de nos études secondaires. Ce seront pour ainsi dire les pièces à l'appui de nos premiers jugements. Nous avons discuté particulièrement la question du baccalauréat et celle des concours généraux et académiques. Sept années de plus passées dans l'exercice des fonctions d'inspecteur d'académie et d'inspecteur général nous ont permis de réunir beaucoup d'éléments nouveaux d'information, d'étendre notre expérience, de fortifier et de mûrir nos convictions.

1. M. Michel Bréal.

Nous nous sommes décidé aussi, pour donner comme une conclusion aux différentes parties de notre travail, à proposer un programme complet d'études secondaires classiques.

Dans une matière si délicate nous ne prétendons pas avoir raison sur tous les points. Nos opinions seront certainement, comme en 1872, controversées ou contredites. Mais de la discussion naîtra la lumière. Dans ce grand procès qui va de nouveau s'instruire et qui sans doute ne sera pas cette fois brusquement interrompu avant que l'enquête soit complète, notre humble, mais sincère écrit aura du moins la valeur d'un témoignage.

F. DELTOUR.

Décembre 1870

DE

# L'ENSEIGNEMENT SECONDAIRE

## CLASSIQUE

### EN ALLEMAGNE ET EN FRANCE

Mémoire lu au Conseil académique de Paris, le 27 novembre 1872

## Par F. DELTOUR

Inspecteur de l'Académie de Paris

---



Messieurs,

Peut-être n'avez-vous pas oublié l'origine de l'étude dont je vais avoir l'honneur de vous donner lecture. A la session de juin dernier, chargé par la commission de l'enseignement secondaire de présenter au Conseil académique un rapport sur la situation morale et scolaire des cinq lycées de Paris, du lycée de Vanves et du collège Rollin, je vous signalai, sans exagération, mais avec une sincérité complète, l'affaiblissement et les souffrances de nos études ; j'essayai d'en préciser les causes, d'en indiquer les remèdes, et je vous exprimai, au nom de cette commission, un certain nombre de vœux que vous avez bien voulu accueillir et soumettre, par l'intermédiaire de M. le vice-recteur, à l'attention de M. le Ministre de l'Instruction publique [1]. Dans la discussion si

1. Voyez ce Rapport inséré à la fin de la brochure, sauf quelques passages que nous avons supprimés en raison de détails particuliers à certains établissements.

approfondie et si attachante qui s'engagea sur cette grave question, M. le premier président Gilardin, avec une bienveillance dont je suis heureux de le remercier, voulut bien prêter au rapporteur de votre commission l'appui de sa longue et haute expérience. Il nous raconta ses voyages en Allemagne, ses visites aux gymnases de ce pays : nous nous étions plaint du peu d'importance des exercices oraux dans les classes de nos lycées; il insista sur le rôle considérable de l'enseignement oral chez nos voisins, et ce tableau vint apporter à nos conclusions une force et une autorité bien précieuses.

C'est alors que M. le vice-recteur, frappé de cette comparaison et de l'utilité qu'elle pourrait avoir pour l'amélioration de notre enseignement classique, me chargea d'une étude spéciale sur le gymnase allemand rapproché du lycée français. J'ai consacré à ce travail les quatre mois qui viennent de s'écouler; je me suis entouré de tous les documents propres à m'édifier sur l'enseignement secondaire des diverses parties de l'Allemagne; outre les ouvrages et les renseignements que je trouvais en France, j'en ai emprunté un grand nombre à l'Allemagne; j'ai eu constamment sous les yeux les deux gros volumes du docteur L. Wiese, de Berlin, sur l'*État de l'enseignement supérieur en Prusse* [1]. Ce tableau très étendu, très exact, très complet, qui ne s'arrête qu'à l'année 1869, a une importance capitale; j'ai pu le compléter encore, grâce aux nombreux *Programmes de gymnases* que j'ai reçus de tous les points de l'Allemagne et même, hélas! de notre chère Alsace; grâce aux explications qu'ont bien voulu m'envoyer plusieurs savants professeurs dont je n'ai pu lasser l'obligeance.

J'étais livré tout entier à ces intéressantes études, lorsque parut la circulaire de M. le Ministre de l'Instruction publique. Elle répondait directement dans son esprit et dans ses traits

---

1. *Das höhere Schulwesen in Preussen.* Le mot *höhere*, que nous traduisons par *supérieur*, désigne l'enseignement des gymnases correspondant à celui de nos lycées, et non les universités.

principaux aux vœux du Conseil académique. Elle allégeait la tâche des élèves, qui, jusqu'ici, ont plié sous le poids de tant d'enseignements juxtaposés. Elle s'efforçait de ménager du temps et de la place à des études aujourd'hui indispensables. Sans diminuer ni affaiblir, nous le croyons sincèrement, les lettres classiques anciennes, elle proposait de les rendre, grâce à une méthode plus rationnelle, à la fois plus intéressantes, plus utiles et plus fécondes. Elle assurait enfin à notre langue et à notre grande littérature l'importance qui, jusqu'ici, au moins dans la pratique, lui avait été constamment refusée. Elle diminuait le nombre effrayant des tâches écrites pour faire une large part aux exercices oraux. Elle introduisait avec des sanctions sérieuses ces examens de passage que votre commission avait réclamés avec énergie. Enfin, sans modifier encore ces épreuves du baccalauréat que nous avions dénoncées dans leur forme actuelle comme une des causes principales de la langueur de nos études, M. le Ministre annonçait la ferme intention d'apporter là comme ailleurs des réformes salutaires et de faire de cet examen ce qu'il devrait être, le couronnement et la véritable sanction de l'enseignement classique.

En présence de cet acte si grave qui consomme ou prépare la plus grande partie des progrès dont je voulais vous entretenir, devais-je interrompre mon étude? M. le vice-recteur, M. le Ministre lui-même ne l'ont point pensé. Ils ont jugé qu'elle ne cesserait pas d'être utile, en constatant une fois de plus, et par une analyse complète et régulière, les souffrances de notre enseignement et la nécessité d'une cure énergique, en montrant que, si les méthodes recommandées par la circulaire se rencontrent sur certains points avec la marche suivie non seulement dans les États anciens et nouveaux de la Prusse, mais dans toute l'Allemagne ainsi que dans l'Autriche-Hongrie et la Suisse [1], elles sont avant tout françaises; car elles nous ramènent aux traditions trop

1. L'Italie paraît aussi entrer dans cette voie.

oubliées de Port-Royal ; elles font revivre, dans son essence, le *Traité des études* de notre Rollin ; elles sont fidèles à l'esprit de Rabelais, de Montaigne, de Descartes, d'Arnauld, de Nicole, de Condillac, de Buffon, de Rousseau, de Dumarsais. Il est juste de dire que les Allemands nous les ont empruntées : les remettre en honneur, ce n'est pas imiter les nations étrangères, c'est revendiquer et exploiter notre propre bien.

Soutenu par ces adhésions, j'ai poursuivi mon œuvre, et après avoir achevé mon exploration, j'ai essayé d'en tracer, dans un tableau rapide, les principaux résultats. Mais le sujet est immense, il ferait aisément la matière d'un volume. Pour ne pas abuser de votre temps et de votre attention, j'ai dû me restreindre. Je me suis donc borné à indiquer certaines questions, par exemple celle des écoles et des gymnases réels ; j'en ai complétement écarté quelques autres : l'organisation matérielle et l'aménagement des gymnases, le recrutement des professeurs, leur hiérarchie, leurs honoraires, les conditions de leur existence, leur avenir, leurs récompenses, les bibliothèques des élèves et des maîtres [1] et les bibliothèques générales des établissements. Plus tard, si vous m'y encouragez, j'essayerai de traiter ces sujets intéressants. Aujourd'hui je me renfermerai dans le gymnase, et je l'étudierai comparativement au lycée français, en examinant successivement les programmes de l'enseignement, la durée moyenne des études, la répartition, l'étendue et la durée des cours, la distribution des heures de classe, les méthodes adoptées, la nature des exercices oraux et des exercices écrits, l'harmonie établie entre toutes les études, enfin les deux contrôles sérieux de l'enseignement, les examens de passage et l'examen de sortie, c'est-à-dire notre baccalauréat.

De cette comparaison du gymnase et du lycée naîtra la

---

1. Dans les bibliothèques pour les maîtres se trouvent presque toujours réunis les ouvrages les plus importants et les plus récents sur la pédagogie.

lumière, et, sans qu'on puisse nous accuser de prévention
et de parti pris, la conclusion sortira des faits simplement
établis sur des renseignements constants et irréfragables.

I. ÉCOLES RÉELLES ET ÉCOLES BOURGEOISES. ENSEIGNE-
MENT SECONDAIRE SPÉCIAL. — Nous avons dit que nous ne
ferions qu'effleurer la question des écoles secondaires appelées *écoles réelles* (*Realschulen*) et *écoles bourgeoises supérieures* (*höheren Bürgerschulen*). On pourrait leur compa-
rer en France ce qu'on désigne improprement sous le nom
d'*enseignement secondaire spécial*. Cependant les différences
sont grandes : l'étude de la langue latine, exclue de notre
enseignement spécial [1], est maintenue dans les écoles réelles
de première classe et dans beaucoup d'écoles bourgeoises
supérieures. En outre, que l'école réelle soit distincte du
gymnase, ce qui est le cas le plus général, qu'elle soit réunie
avec lui dans une même enceinte, l'enseignement des trois
premières classes, *sexta*, *quinta*, *quarta*, est le même dans
les deux espèces d'établissement. A partir de la *tertia*, les
deux enseignements se séparent, ou ne sont communs que
pour certaines branches, par exemple l'histoire, la géographie, la religion.

La Direction de l'instruction publique en Prusse veille
sévèrement à maintenir le caractère de ces écoles : elles ne
préparent pas à une certaine profession, elles travaillent,
comme les gymnases, au développement de toutes les facultés
de l'esprit, elles doivent former l'*homme* ; toutes les circulaires ministérielles insistent énergiquement sur ce caractère désintéressé et général.

Même quand l'école réelle reçoit l'hospitalité du gymnase,
jamais elle ne se confond avec lui ; chacun des deux systèmes

---

1. L'administration supérieure vient d'autoriser, à titre d'essai, l'étude du
latin dans les deux dernières années de l'enseignement spécial. Grâce à cette
mesure qui, nous l'espérons, sera généralisée, les jeunes gens qui suivent ces
cours pourront prétendre au diplôme de bachelier ès sciences et, par suite, à
l'École militaire, à l'École forestière et à l'École polytechnique.

d'études garde son nom particulier. Il n'en est pas de même chez nous. La plupart des grands établissements de l'État, au moins en province, comprennent, sous le nom général de *lycée*, une importante division d'élèves qui appartiennent à l'enseignement spécial. Cette confusion peut avoir ses inconvénients : il est à craindre surtout que les professeurs de l'enseignement classique, chargés en outre d'une partie de l'enseignement spécial, ne soient entraînés par l'habitude à soumettre à la même méthode deux ordres d'élèves si différents. D'autre part, dans beaucoup de villes déjà pourvues d'un lycée, il serait difficile de créer pour l'enseignement spécial un établissement distinct. Les bâtiments du lycée suffisent amplement à cette population d'une double espèce ; la communauté de l'enseignement et des pratiques de la religion, des exercices gymnastiques et militaires, la conformité possible des heures d'études, de classes, de repas, de récréation, de promenade, évitent bien des frais inutiles. Enfin, comme les petites considérations ne peuvent pas plus être négligées dans l'éducation que partout ailleurs, le nom de *lycée* flatte l'amour-propre de certaines familles ; le retirer aux établissements d'enseignement spécial, ce serait les frapper d'une sorte de discrédit, ce serait même consacrer entre les deux enseignements une inégalité réelle peut-être, mais qui choque nos sentiments démocratiques. Ajoutons qu'il n'est peut-être pas regrettable que les élèves des deux enseignements vivent côte à côte : en se voyant de près, on apprend à se mieux connaître et à s'estimer. On peut éviter ainsi des préventions, des jalousies, des dédains, source de malentendus et de haines, dont la société et la patrie souffriraient plus tard. Enfin, si le commerce des purs humanistes peut donner aux élèves de l'enseignement spécial des goûts plus littéraires, leurs camarades de l'enseignement classique gagneront peut-être à ce contact un esprit plus pratique ; ils accorderont plus d'estime et plus d'attention aux études qui préparent à la vie ordinaire. Ne voit-on pas depuis quelques années en Allemagne les idées que nous émettons ici prévaloir dans l'enseignement agricole, et la tendance n'est-elle pas actuellement de rattacher les grandes académies agricoles, les *Instituts agronomiques*, à une Université, afin de faire profiter les élèves agriculteurs de l'ensemble des connaissances universitaires?

II. Programme des études du gymnase et du lycée. — Mais je quitte l'école réelle et l'enseignement spécial pour étudier dans ses détails le gymnase comparé à notre lycée. Il faut remarquer d'abord que cette comparaison n'est possible que dans une certaine mesure. Nos études secondaires, en effet, forment un ensemble complet; elles doivent se suffire à elles-mêmes : le jeune homme qui sort du lycée n'ira que par exception chercher ailleurs un complément d'éducation générale, littéraire, philosophique ou scientifique. C'est pourquoi nous avons des cours étendus de philosophie, de mathématiques élémentaires et supérieures, de sciences physiques et naturelles. Quant à l'enseignement littéraire, notre classe de rhétorique aspire à le donner aussi large et aussi complet que possible, car la plus grande partie de nos élèves n'en auront pas d'autre. Dans cette courte année, ils doivent en même temps former leur goût, entrer en commerce avec les grands écrivains de tous les âges, et enfin s'initier à l'art difficile de la composition. Tel était, du moins jusqu'ici, l'objet de la rhétorique. Aujourd'hui, si l'on applique dans leur véritable esprit les nouveaux règlements, les classes d'humanités justifieront mieux qu'autrefois leur nom : elles travailleront pour leur part; plus généralement que par le passé, à développer le goût, l'imagination, la sensibilité des jeunes gens; elles les introduiront sérieusement dans la société des grands écrivains du temps passé, elles commenceront à leur apprendre les grandes lois de l'art d'écrire.

Il n'en est pas du gymnase comme de notre lycée. Tout n'est pas fini pour l'étudiant des diverses parties de l'Allemagne, de l'Autriche-Hongrie, de la Suisse, quand il a parcouru le cercle des études secondaires : l'Université l'attend, et, pendant trois ou quatre années, il y va puiser des connaissances plus profondes et plus spéciales qui complètent l'enseignement du gymnase. C'est donc à l'Université qu'appartiennent les cours étendus de philosophie, de rhétorique, d'esthétique, de philologie, de théologie, de physique, de chimie, de mathématiques supérieures, d'histoire naturelle, etc., etc. Le gymnase, suivant l'expression de toutes les circulaires ministérielles, n'est qu'une préparation à l'enseignement des Universités. Ses études doivent en même temps, par leur caractère général, être la base solide de toute éducation vraiment humaine [1]. Ce n'est pas que les éléments de la psychologie et de la logique soient exclus de l'enseignement du gymnase ; ce n'est pas, nous le verrons, que l'étude des genres littéraires et même l'histoire de la littérature nationale ancienne et moderne n'y aient leur place, bien plus grande qu'elle n'était chez nous jusqu'ici. Mais ces études, provoquées par la lecture et l'explication des auteurs, n'ont pas le caractère de cours suivis et dogmatiques. Là, comme dans l'enseignement de la grammaire, l'érudition est bannie ; on se contente de notions générales que l'Université développera et reliera en systèmes [2].

Restent comme bases de l'enseignement : la religion (*histoire du dogme et de l'Église*), qui, dans toutes les classes, a sa part régulière ; les deux langues anciennes (latin et grec) ; l'allemand, le français, établi partout depuis la cinquième ; l'histoire et la géographie ; le calcul et les éléments des mathématiques qui suivent aussi les élèves dans tout le cours de leurs études ; en outre, dans les dernières classes (sixième et cinquième) et en troisième l'histoire naturelle ; enfin, en seconde et en première la physique élémentaire. A tous ces

---

1. D<sup>r</sup> Louis Wiese : « Les gymnases doivent armer les jeunes gens des pensées et des sentiments d'une humanité ennoblie, *einer veredelten Menscheit.* »

2. Circulaire du 7 janvier 1856 : « La propédeutique philosophique ne doit pas, comme il arrive dans une grande partie des gymnases, être considérée comme une faculté principale. Les principes de la logique, qui sont sa matière essentielle, doivent être réunis à l'enseignement de la langue allemande. »

enseignements il faut joindre, pour la division inférieure,
le dessin et l'écriture, et, en dehors du programme régulier, l'hébreu, facultatif, destiné principalement aux
futurs élèves de théologie et de philologie. L'étude de
l'anglais, très développée dans certaines provinces nouvelles de la Prusse, par exemple en Hanovre, tend à se
généraliser. Nommons enfin le chant et la gymnastique.
On sait l'importance que les Allemands attachent à ces
derniers exercices trop longtemps négligés chez nous :
dans toutes les familles, ils constituent une partie de l'éducation physique ; quoique les gymnases soient des exter-
nats, les exercices du corps, d'abord facultatifs, entrent
aujourd'hui obligatoirement dans le plan des études générales ; toutes les écoles sont pourvues de beaux gymnases.
Le nombre d'heures attribuées à cet enseignement varie suivant les villes et les provinces, mais quelquefois il est assez
considérable : au gymnase municipal de Francfort-sur-le-
Mein, il ne s'élève pas à moins de douze heures par semaine.
Il y a mieux, les élèves-maîtres, dans les écoles normales,
sont astreints à ces exercices. Ainsi maîtres et élèves apprennent la gymnastique : on croit par là servir leurs intérêts en
fortifiant leur santé et en maintenant entre le travail du
corps et l'activité de l'esprit un équilibre utile à tous les
deux.

III. Durée moyenne des études. — Le programme que
nous venons de tracer exige pour son application régulière
et complète neuf années d'études [1]. Un enfant ne peut être
admis dans un gymnase qu'à neuf ans révolus. Il doit justi-

---

1. En Autriche également, d'après les résolutions de la Commission d'enquête
pour la réforme de l'enseignement des gymnases, réunie en congrès à Vienne,
du 30 septembre au 1er novembre 1870, l'enfant n'entrerait pas au gymnase
avant *neuf* ans révolus, ou, ce qui est identique, il devrait atteindre *dix* ans
pendant sa première année de gymnase. La durée des études serait de huit
années : l'élève ne pourrait donc pas soutenir son examen de sortie avant dix-
huit ans.

En Hongrie, la durée des études du gymnase est de huit années.

fier de certaines connaissances acquises antérieurement dans des écoles préparatoires. Ces écoles, rattachées aux gymnases sous le nom de *Vorschulen*, sont abandonnées le plus souvent à l'administration *privée* du directeur ou d'un professeur du gymnase. Pour être admis dans la dernière classe du gymnase, l'enfant doit lire couramment un imprimé allemand et latin, justifier de la connaissance des parties du discours, d'une écriture lisible et propre ; il faut qu'il écrive une dictée sans trop de graves fautes d'orthographe, qu'il réponde sur les quatre règles du calcul des nombres entiers, et sur les principaux faits de l'Ancien et du Nouveau Testament.

Tout gymnase complet comprend six classes progressives, ou trois degrés d'enseignement de deux classes chacun. Ces trois degrés, inférieur, moyen, supérieur, sont parcourus non pas en six ans, mais en neuf ; car les cours de *tertia*, de *secunda*, de *prima* se subdivisent en deux sections, *troisième inférieure, troisième supérieure (untertertia, obertertia), seconde inférieure, seconde supérieure, première inférieure, première supérieure*, et chacun d'eux exige deux années. Donc, en général, le jeune homme sort du gymnase, non à dix-sept ans, comme on le répète toujours, mais à dix-huit ans. Cette règle souffre cependant quelques exceptions, car les cours des trois classes supérieures sont calculés de manière à permettre aux élèves très laborieux ou très bien doués de les parcourir chacune en dix-huit mois ou, à la rigueur, en un an ; cette faculté s'applique surtout à la *tertia*. D'autre part, les élèves trop faibles pour affronter à la fin de leur seconde année de *prima* l'examen de sortie sont forcés de faire une troisième année. Mais si l'on consulte pour les dix dernières années (1859-1869) le tableau des *maturi*, c'est-à-dire des jeunes gens déclarés, après l'examen de sortie, *mûrs* pour les cours de l'Université, on trouve que les quatre cinquièmes avaient dix-neuf, vingt ou même vingt et un ans accomplis : *un* sur *cent* n'était pas âgé de dix-sept ans ; la proportion était de 5 pour 100 pour dix-sept ans, de 15 pour 100 pour dix-huit. Nous verrons d'ailleurs, quand nous étudierons en détail cet examen, par quel ensemble de sages mesures on déconcerte la sortie prématurée du gymnase, la préparation hâtive et superficielle de l'examen final, et les efforts des mauvais élèves pour se soustraire à leurs juges naturels.

Aux neuf années normales de l'enseignement des gymnases correspondent chez nous neuf classes distinctes, depuis la huitième, où commencent les études de latin, jusqu'à la philosophie. Je laisse de côté la classe préparatoire ou neuvième, exclusivement consacrée aux exercices de grammaire française, d'arithmétique, d'histoire et de géographie. Dans quelques établissements on y a joint une langue vivante, l'allemand ou l'anglais, que l'élève ne cessera plus d'étudier dans tout le cours de sa vie scolaire. Mais ce n'est là malheureusement qu'une exception ; les règlements officiels n'introduisent l'étude des langues vivantes qu'en huitième. Pour l'entrée dans cette dernière classe aucune limite d'âge n'est fixée, cependant on ne l'aborde pas en général avant huit ou neuf ans. Ainsi les écoliers qui suivraient progressivement les classes des lycées ne devraient quitter la philosophie qu'à dix-huit ans, soit pour se préparer, en mathématiques élémentaires et en mathématiques spéciales, aux écoles du gouvernement, soit pour commencer, avec le diplôme de bachelier, leurs études de médecine ou de droit, soit pour entrer, grâce au même diplôme, dans une carrière administrative. Hélas ! dans la pratique, cette règle si sage est bien souvent éludée. Si, en Allemagne, quelques élèves supérieurs abrègent la durée de leurs études, tandis que les paresseux ou les arriérés sont maintenus dans un cours dont ils n'ont pas su profiter, en France, ce sont les plus distingués qui redoublent en vue de ces couronnes du concours général dont l'importance exagérée et le retentissement me semblent plus funestes qu'utiles. Quant aux incapables, ils parviennent à se soustraire à telle ou telle classe ; et, le plus souvent, celles dont le jeunes gens, aidés par la faiblesse coupable de leurs familles, s'affranchissent ainsi, ce sont les deux plus importantes, la rhétorique et la philosophie, sans lesquelles, dans notre système d'études, il n'est point d'initiation véritable à l'art de penser et d'écrire, point d'éducation sérieuse du goût et du jugement. C'est là une de nos plaies les plus graves ; nous la sonderons plus tard en comparant l'examen de maturité à notre baccalauréat, et nous soumettrons à votre expérience les remèdes qui nous semblent les plus propres à la guérir [1].

IV. DISTRIBUTION DES HEURES DES COURS. — C'est surtout pour la distribution du temps et la division des cours que les gymnases de l'Allemagne proprement dite, de l'Autriche-Hongrie et de la Suisse diffèrent du lycée français. Chez nous, jusqu'à ces derniers temps, la classe était régulièrement de deux heures. Depuis quelques années, on a osé toucher à l'arche sainte : on a introduit pour les enfants la classe d'une heure et demie ; même dans le grand lycée, la classe d'une heure s'est glissée timidement pour les langues vivantes, pour la géographie, pour l'arithmétique. Elle s'établit même, mais plutôt par nécessité que par le désir des maîtres, pour une partie de l'enseignement des langues anciennes. Cette

1. On sait que, depuis l'époque où ce mémoire a été lu, notre baccalauréat ès lettres a été modifié. L'examen a été scindé en deux parties, dont la première est placée à la fin de l'année de rhétorique, la seconde après l'année de philosophie. Ce nouveau système a eu l'incontestable avantage d'arrêter ou de diminuer la désertion de ces deux classes. En outre, chacun des deux examens est moins chargé de matières, et l'élève, pour le subir, n'a pas à faire un aussi grand effort de mémoire ; celui qui a suivi régulièrement sa classe doit ou devrait pouvoir s'y présenter sans autre préparation qu'une revue attentive des cours de l'année.

Le baccalauréat scindé a pourtant un inconvénient : les candidats refusés en août retournent en rhétorique jusqu'à l'examen de novembre, et quelquefois, après un second échec, jusqu'à l'examen d'avril. Ils arrivent donc en philosophie quand les cours littéraires et les cours scientifiques de cette classe sont ou commencés ou déjà très avancés ; il est difficile qu'ils se mettent au courant, et leur présence entrave l'enseignement des professeurs et le travail des élèves.

exception, que la plupart de nos professeurs trouvent mauvaise et funeste, est la pratique régulière de l'Allemagne. Tous les cours des gymnases sont uniformément d'une heure; tous les enseignements, religion, grec, latin, allemand, français, histoire, mathématiques, comptent chaque semaine un nombre d'heures proportionné à leur importance. Souvent une même journée comprend six cours, répartis entre la matinée et l'après-midi dans l'ordre suivant : quatre de sept heures et demie à midi, avec des intervalles de quelques minutes pour détendre un instant l'esprit des élèves; deux entre deux heures et quatre heures et demie avec la même précaution. Deux ou trois fois par semaine, suivant les gymnases, les cours de l'après-midi n'ont pas lieu. Le travail personnel, mais surtout les exercices gymnastiques, le chant, les récréations et les longues promenades profitent de ces demi-journées.

Si je ne m'abuse, cette distribution des cours a un sérieux avantage : aucun enseignement ne peut empiéter sur l'autre; ni le latin n'envahit le domaine du grec, ni l'allemand n'usurpe la place du latin. En est-il ainsi dans nos classes, où l'enseignement des langues anciennes et du français, quelquefois même ceux de l'histoire, de la géographie et de l'arithmétique, sont confondus? Qui ne sait que, le plus souvent, la part du grec y est bien petite; que jusqu'ici, sauf en rhétorique, l'étude de la langue et de la littérature françaises se réduisait trop souvent à la rapide lecture d'une demi-page de prose ou de vers et à la récitation des leçons? N'accusons pas les professeurs. Certes, malgré le travail de quelques recherches préparatoires, ils auraient donné avec plaisir ce commentaire biographique, philologique, littéraire, qu'on a raison de leur demander aujourd'hui. Mais d'autres exercices plus directement utiles à la préparation des concours, la récitation des leçons, la dictée et la correction des devoirs, absorbaient tout le temps de la classe : à peine restait-il une part suffisante pour l'explication des auteurs anciens.

Mais on objectera sans doute que certains enseignements

gagnent à être réunis, parce qu'ils se portent un mutuel appui et se complètent l'un par l'autre. Nos voisins n'ont pas méconnu cette vérité. Dans leur *plan normal*, chaque fois que ce rapprochement est utile, par exemple pour les premières études de latin et d'allemand où la comparaison des grammaires facilite beaucoup le travail de l'enfant, la communauté est établie : c'est ainsi que, dans la *sexta* et la *quinta*, les deux heures de l'allemand sont réunies aux dix heures du latin [1].

Le total des heures de classe est par chaque semaine de vingt-huit pour la *sexta*, où le grec et le français ne sont pas encore enseignés, mais où le dessin et l'écriture occupent régulièrement deux et trois heures. Depuis la cinquième jusqu'à la première, le nombre des heures s'élève à trente ; il faut y ajouter les heures facultatives d'hébreu, le chant et la gymnastique. Dans cette somme totale, la part de l'enseignement religieux est de trois heures pour la *sexta* et la *quinta*, de deux heures pour toutes les autres classes, celle de l'allemand, de deux heures, combinées quelquefois, nous l'avons vu, avec le latin ; en *prima*, une heure est ajoutée à l'allemand en vue de ces études élémentaires de psychologie et de logique que les Allemands appellent la *propédeutique philosophique*. La part du latin dans les cinq premières classes est de dix heures ; en *prima*, elle se réduit à huit. Le grec commence en *quarta*, et *six* heures lui sont attribuées dans cette classe et dans chacune des six années supérieures. La place du français est assez modeste : il commence en cinquième avec trois heures et n'en conserve que deux pendant tout le cours des études ; aussi, d'après les témoignages que j'ai recueillis de toutes parts, les résultats de cet enseignement sont-ils très médiocres. L'histoire et la géographie sont partout réunies ; le nombre d'heures est de deux en *sexta* et en *quinta*, de trois dans toutes les autres classes.

1. Plan normal du 7 janvier 1856. Dans les gymnases où les deux enseignements ne peuvent être réunis, parce qu'on est forcé de les confier à deux professeurs distincts, l'allemand obtient trois heures.

L'importance des mathématiques et du calcul est relativement bien plus grande, et ici les Allemands s'éloignent beaucoup de nos habitudes. En *sexta*, quatre cours d'une heure sont attribués à cet enseignement, si peu développé dans les classes littéraires de nos collèges ; le nombre s'abaisse à trois dans les classes suivantes, mais il remonte à quatre en *secunda* et en *prima*. Il faut observer que les Allemands n'ont pas, comme nous, des classes spéciales, mathématiques préparatoires, élémentaires, supérieures, qui complètent, pour une partie de nos élèves, l'enseignement des sciences exactes. La physique n'est étudiée qu'à partir de la seconde ; dans les deux divisions de cette classe, elle n'obtient qu'une heure ; deux heures lui sont accordées dans l'*unterprima* et l'*oberprima*. L'histoire naturelle, qui parle aux yeux autant qu'à l'intelligence et qui s'accommode si bien, par la vue et l'étude des animaux, des plantes et des minéraux, par les promenades attrayantes qu'elle provoque, à la nature vive et animée des enfants [1], est placée en sixième et en cinquième. En quatrième elle disparaît pour laisser plus de place aux mathématiques proprement dites et au grec, dont l'étude commence en cette classe. Mais elle reprend sa place dans les deux années de *troisième ;* et à la zoologie, à la botanique et à la géologie se joignent alors en général les premiers éléments de la chimie. Chez nous, depuis quarante ans, l'enseignement de l'histoire naturelle a voyagé de la sixième et de la cinquième à la philosophie, et de la philosophie à la rhétorique et à la seconde. Dans ces trois dernières classes, déjà surchargées, il donne peu de fruit. Il avait un grand attrait pour les élèves de grammaire, il laissait dans leur esprit des traces durables, et il apportait une agréable diversion à la longue et monotone étude du rudiment. Le thème et la version en souffraient-ils? Les années où fut tenté ce

---

1. De là sa facilité à être saisie par les enfants sous forme d'*enseignement par aspect*, de *leçons de choses* ou *d'objets*. — En général, en histoire naturelle, on fait, dans l'enseignement, ressortir surtout les applications utiles.

qu'on a quelquefois appelé de *tristes expériences*, sont citées dans les fastes des concours généraux comme l'apogée des études classiques.

La semaine allemande, de vingt-huit à trente heures, excède la somme de notre semaine classique qui, sauf quelques exceptions, est de vingt-quatre heures. Cependant, jusqu'aux dernières prescriptions de M. le Ministre, il fallait joindre à ce chiffre, dans les classes supérieures, deux heures pour les cours facultatifs de langues vivantes ; encore aujourd'hui, il faut y joindre une heure au moins pour les conférences religieuses ou le catéchisme [1], deux ou trois heures pour le dessin. Je ne parle pas du chant [2], de la gymnastique et des exercices militaires qui, chez nos voisins comme chez nous, restent en dehors du cadre régulier des classes.

En somme, la différence entre eux et nous se réduit à quatre ou cinq heures [3]. Sans doute c'est quelque chose, mais la nature de leurs méthodes explique cette extension plus grande de l'enseignement. D'ailleurs, si les élèves du gymnase ont plus de cours, plus d'exercices oraux, ils ont en dehors des classes beaucoup moins de tâches écrites et de leçons que n'en ont encore, même aujourd'hui, les élèves de nos lycées. C'est à cette partie capitale de notre étude comparative que nous arrivons maintenant.

1. De la huitième à la sixième inclusivement, deux heures sont attribuées à l'enseignement religieux.

2. Depuis la classe préparatoire jusqu'à la cinquième inclusivement, le règlement accorde deux heures à la musique vocale ; en quatrième, le temps est réduit à une heure. A partir de la troisième, le chant ne figure plus dans le programme des études.

3. D'après le *plan d'études* de 1874, le total des heures de classe y compris l'enseignement religieux, l'écriture ou le dessin d'imitation et le dessin graphique, et la musique vocale, est de 20 heures pour les classes de huitième, de septième et de sixième, de 24 pour la cinquième. Il remonte à 26 de la quatrième à la philosophie. Il est de 27 en mathématiques préparatoires, de 30 1/2 à 32 en mathématiques élémentaires, de 31 à 33 en mathématiques spéciales. Ainsi on tend à se rapprocher des règlements des gymnases.

**V. Méthodes d'enseignement. Nature des exercices.**
— C'est ici que les gymnases de l'Allemagne et, à leur
exemple, par des réformes qui se propagent de nation à
nation, les gymnases de l'Autriche-Hongrie, de la Suisse,
déjà même de l'Italie, se séparent le plus complètement de
nos traditions universitaires[1]. Au reste, il ne faut pas s'y
tromper, ces traditions ne remontent pas plus haut que le
premier Empire. M. Michel Bréal l'a indiqué dans son livre[2]
et mes récentes études m'ont permis de vérifier ses asser-
tions. Les fondateurs de l'Université impériale ont pris pour
règle et pour type l'enseignement des jésuites, ils ont ou
ignoré ou sciemment écarté les méthodes de l'ancienne Université de Paris, renouvelées par Rollin dans son *Traité des
études*. Ils n'ont tenu aucun compte de cet excellent livre si
vanté, mais si peu connu; ils ont négligé complètement les
enseignements de Port-Royal. Or, la méthode de Port-Royal,
conforme à ce que demandaient Rabelais et Montaigne, à
ce qu'ont voulu comme eux tous les grands esprits que j'ai
nommés déjà, consiste à tirer la règle de l'étude même des
auteurs, à passer du connu à l'inconnu, à mettre le raison-
nement au premier plan et la mémoire au second. Cette
méthode expérimentale et analytique est éminemment française, et j'ai le droit de dire que les habiles pédagogues de
l'Allemagne nous l'ont empruntée. Cependant que faisons-
nous dans nos écoles depuis près de soixante et dix ans? Nous
appliquons à l'étude des langues anciennes une méthode
toute contraire « qui impose l'idée abstraite, la grave par la
» mémoire et ne laisse aucune place à l'initiative de l'esprit;
» nous substituons le *procédé* à l'intelligence, la formule
» *à priori* à la loi découverte et reconnue par la libre obser-

---

1. Combien cette séparation serait-elle encore plus marquée, si nous faisions
entrer les pays scandinaves (Suède, Norwège et Danemark) comme termes de
comparaison !

2. *Quelques mots sur l'instruction publique en France*, p. 156. Hachette,
1872.

» vation[1] ». A-t-on si grand tort aujourd'hui de vouloir ramener l'étude de la grammaire et des langues anciennes à une marche plus rationnelle, et faut-il s'insurger contre ce retour aux véritables traditions françaises, parce que les Allemands, plus fidèles que nous à nos méthodes, les ont dès longtemps recueillies et pratiquées?

1° *Étude de la grammaire*. — La grammaire qui, chez nous, jusqu'ici, s'apprend surtout par la mémoire, est enseignée dans les gymnases allemands par une suite d'exercices oraux qui occupent dans le plan des cours une place régulière et très importante. Ce n'est pas que les grammaires manquent en Allemagne. On en distribue aux élèves, et, il faut l'avouer, elles sont en général plus logiques que les nôtres; elles reposent sur des principes plus uniformes, et, grâce à l'analogie des idées et du plan, les élèves des gymnases ne sont pas, comme ceux de nos lycées, plongés dans un océan d'incertitudes, et par suite livrés trop souvent au dégoût et à l'ignorance. Je dois à un habile professeur, qui connaît à fond les méthodes de l'Allemagne et celles de la France, de très instructifs détails sur l'enseignement de la grammaire dans les gymnases. « La grammaire, m'écrit-
» il, s'apprend dans la classe pour la division inférieure, à
» domicile, pour la division supérieure (*syntaxe*), mais
» *jamais mot à mot;* on veut que l'élève réfléchisse et com-
» prenne, et l'on ne demande pas davantage. Dans la petite
» classe, on répète à satiété les déclinaisons et les conju-
» gaisons; l'élève apprend par cœur le petit vocabulaire
» d'Ostermann. Les exercices de thème se font oralement;
» ils sont préparés mentalement à la maison. On récite aussi

1. Voy. *La réforme dans l'éducation*, par M. Saugeon, membre du conseil général de la Gironde, p. 79. Nous avons emprunté ici les idées et souvent les expressions de cet excellent livre.

Voyez dans notre *Lettre à M. Cuvillier-Fleury*, Paris, Dentu, 1872, p. 15, des citations de Port-Royal et de Rollin à l'appui de ces remarques.

» des règles mises en vers (*Reimregeln*) et des formes
» (*Schemata*) de déclinaisons et de conjugaisons. »

Si quelques-unes des grammaires de l'Allemagne nous
semblent trop étendues et trop savantes, il en est qui sont
bien appropriées à l'intelligence des enfants. Telle est la
grammaire française de Ploetz[1], étudiée partout dans les
gymnases. Le texte est allemand ; elle est divisée en cent
douze leçons. Toujours la règle commence ; elle est suivie
d'exercices de traductions du français en allemand et de
l'allemand en français. Il est fâcheux que beaucoup de
fautes de français déparent ce livre. La grammaire grecque
de Krüger[2] est un ouvrage soi-disant élémentaire, mais
beaucoup plus étendu que notre Burnouf ; elle est enrichie
de nombreux exemples tirés des meilleurs écrivains, avec
indication du nom de l'auteur. L'étymologie y occupe une
très grande place (137 pages sur 244). M. Krüger a fait une
grammaire plus développée et un livre sur les formes d'Homère et d'Hérodote, qui a été introduit dans les lycées allemands de l'Alsace[3]. La grammaire latine d'Ellendt, que je
trouve aussi en usage dans les gymnases de Strasbourg, de
Colmar, de Phalsbourg, de Bouxwiller, est beaucoup plus
développée que les grammaires en usage dans nos lycées :
la partie étymologique y est très importante ; les règles sont
confirmées par de nombreux exemples, sans indication du
nom des auteurs. Le savant professeur qui a pratiqué tous
ces livres reconnaît que la grammaire d'Ellendt et surtout
celle de Krüger sont souvent obscures faute d'explications
suffisantes. Je dois vous parler encore du *Livre de lecture
allemande* de Hopf et Paulsik[4] ; c'est un ensemble d'ouvrages pour l'étude de l'allemand. Il comprend d'abord

---

1. *Elementär Grammatik der französischen Sprache.* Berlin, 1871, 183 pages
in-12 petit caractère.

2. Dr Krüger, *Griechische Sprachlehre*, 1860, 244 pages in-8. Je ne parle
pas de la grammaire de Curtius, qui est beaucoup plus connue en France.

3. *Homerische und Herodotische Formenlehre*, 1862. 78 pages in-8.

4. *Deutsches Lesebuch.* Berlin, 1872.

pour chaque classe à partir de la sixième un volume d'exercices gradués, puis un choix bien fait de morceaux de prose et de poésie; en troisième lieu, une première grammaire qui ne renferme que les déclinaisons et les conjugaisons; enfin une syntaxe (*Satzlehre*) très courte et très substantielle. L'application se fait en classe par la lecture des exercices. Le volume destiné à la *prima* est une histoire de la littérature allemande depuis les temps les plus reculés, avec une biographie des auteurs et de nombreux extraits. D'après le témoignage de mon correspondant, ces ouvrages sont très estimés et très bien faits.

Je ne regrette pas, Messieurs, de vous avoir donné ces détails, car ils éclairent, ce me semble, et précisent par des faits la méthode des gymnases. Je complète ces renseignements par des explications sur les exercices de classe qui accompagnent sans cesse l'étude de la grammaire.

2° *Exercitia et extemporalia.* — Ces exercices sont de deux natures, les uns préparés à domicile, les autres complètement improvisés en classe; les premiers s'appellent *exercitia*, les autres *extemporalia*. L'élève prépare mentalement à domicile des textes désignés dans les livres d'exercices d'Ostermann, d'Ellendt, de Seyffert, de Schülz, de Merling, etc. Arrivé en classe, il doit pouvoir traduire librement ces passages, soit de l'allemand en latin, en grec ou en français, soit d'une de ces trois langues en allemand. En *secunda* et en *prima*, il arrive qu'un texte de Cicéron, de Cornélius Nepos, de Salluste, est sur-le-champ transporté en grec. Les explications du professeur complètent et fixent cette traduction. Quant à l'*extemporale*, voici comment il se pratique : le professeur lit à ses élèves des phrases allemandes, l'élève doit à l'instant les écrire en latin, en grec ou en français; par conséquent, il n'a pas le texte sous les yeux, et il ne peut se servir ni de la grammaire ni du dictionnaire. De bonne foi, ce travail oral, où l'activité de l'esprit est sans cesse éveillée, où l'écolier doit puiser en lui-même toutes ses ressources, n'est-il pas meilleur, pour développer son intelligence, pour fixer dans son esprit les formes et les règles des langues, pour lui en apprendre le vocabulaire, que nos thèmes écrits, où le dictionnaire et la grammaire lui épargnent, le plus souvent, tout effort personnel, où une certaine patience de recherches supplée à la connaissance véritable des mots et des tournures?

Les exercices que nous venons d'énumérer occupent chaque semaine un nombre d'heures déterminé. Il est naturel que, dans les classes inférieures ou moyennes, leur place soit plus grande que dans les cours de *première* et de *seconde*. Cependant, jusqu'à la fin des études, l'enseignement grammatical est maintenu. Même en *prima*, une heure par semaine est consacrée à repasser les règles de la syntaxe grecque avec des traductions improvisées du latin en grec; en *secunda*, la syntaxe latine, d'après la grammaire de Meiring, occupe encore deux cours d'une heure avec des *extemporalia* empruntés au livre de Seyffert. Dans plusieurs gymnases, par exemple dans celui de Brandebourg, la grammaire latine (Ellendt, Seyffert et Zumpt) figure jusqu'en *prima*. Dans tous, les *exercitia* et les *extemporalia*, oraux et écrits, y ont leur place régulière, et l'on y joint des exercices de construction de plans (*Dispositions-Uebungen*), de métrique et de versification, enfin de lecture oratoire (*Declamations-Uebungen*), d'exposition et de libre parole (*Vorträgen, Sprechübungen*).

3° *Lecture et explication des auteurs.* — A mesure que la classe s'élève, le temps accordé à l'explication des auteurs est plus considérable. En général, en seconde et en première, le temps n'est pas de moins de six heures par semaine pour les auteurs grecs, prosateurs et poètes, et de sept pour les auteurs latins. L'explication est de double nature : tantôt lente, coupée par de nombreux commentaires (*statarische Lectüre*), tantôt rapide et courante (*cursorische Lectüre*).

Cette dernière porte sur des auteurs plus faciles et que les élèves ont dû préparer chez eux [1].

La proportion de ces deux espèces d'explications est fixée

1. La circulaire de M. Jules Simon recommandait ce second genre d'explication, que l'excellent pédagogue Niemeyer, dans ses *Principes d'éducation*, indiquait déjà il y a soixante ans. On l'a raillé agréablement chez nous. Nous croyons cependant que, tempéré par l'autre, il n'a pas d'inconvénient sérieux, et il offre d'incontestables avantages : possibilité de lire au lycée, comme on le fait au gymnase, la plus grande partie des poèmes d'Homère, de Virgile, d'Horace, les plus belles tragédies de Sophocle et d'Euripide, beaucoup de Cicéron, de Salluste, de Tite-Live, de Tacite, d'Hérodote, de Xénophon, de Démosthène, sans compter quelques dialogues de Platon, quelques biographies de Plutarque, quelques beaux discours des Pères grecs ; intérêt rendu ainsi à ces études anciennes « sur lesquelles pesait l'ennui » (Ch. Clavel : *Lettres sur l'enseignement des collèges de France*, 1859), et comme résultat, connaissances littéraires réelles emportées du collège, admiration véritable pour ces œuvres que nos élèves aujourd'hui, pour en avoir « expliqué et réexpliqué mot à mot de petits fragments » (About, *Le progrès*; voy. *Lettre à M. Cuvillier-Fleury*, p. 29). prennent en dégoût et désertent pour toujours. Quelle heureuse transformation que celle-là ! quel réveil pour les études ! quelle éducation pour l'esprit et pour le cœur que ce commerce véritable et suivi avec les grands hommes de l'antiquité !

Un publiciste distingué, M. Félix Pécaut (*Études au jour le jour sur l'éducation nationale*, p. 208. Hachette, 1870) raconte l'étonnement d'un père de famille, qui, après avoir conduit lui-même l'éducation de son fils jusqu'au milieu de la classe de quatrième, le confia ensuite aux soins d'un professeur de mérite d'un de nos meilleurs lycées : « Le père de famille avait pratiqué d'instinct et à la lumière de l'expérience de chaque jour la méthode de bon sens que M. Michel Bréal et M. Jules Simon ont préconisée. Il s'adonnait en particulier (sans préjudice des versions écrites et des thèmes élémentaires) à la lecture courante des écrivains latins et grecs. Le maître et l'élève lisaient ensemble avec intérêt et sans trop de peine la Cyropédie, Tite-Live, quelques parties de Tacite, etc. Le profit était sensible, on se sentait avancer d'un pas chaque jour. » Mais l'enfant entra au collège. « Quel changement ! quelle méthode stérile et décourageante ! J'entends encore les violentes exclamations du père. Plus de lectures suivies, plus de commerce direct et familier avec l'antiquité ! Un *mot à mot* grec et français écrit qui aurait suffi pour refroidir les plus vives ardeurs, et qui devait se prolonger toute l'année; des versions dégagées de leur contexte, des thèmes déjà compliqués. Ce n'était plus la même éducation ! »

Certes, le professeur en question aurait sans doute accepté volontiers, comme la plupart de ses collègues, une méthode plus animée et plus attachante ; mais il obéissait à la tradition, aux règlements, et surtout aux exigences du concours général, qui impose la prédominance des versions et des thèmes écrits, et réduit les explications d'auteurs à une préparation de ces devoirs.

dans le *pensum* ou tâche de chaque année ou semestre. A Hanau, par exemple, en *prima*, pendant l'année classique de Pâques 1866 à Pâques 1867, à l'explication approfondie de l'*Antigone* de Sophocle, d'un choix des lyriques grecs (*Anthologie* de Stall), du livre Ier de Thucydide (les discours exceptés), des *Olynthiennes* et des *Philippiques* de Démosthène, du *Criton* et de l'*Apologie* de Platon, s'est jointe une fois par semaine une lecture alternative d'Hérodote et de l'*Iliade* d'Homère. Ce dernier poème doit avoir été parcouru tout entier, soit en classe, soit dans les lectures privées, pendant les deux années de la *prima* : les vingt-quatre chants de l'*Odyssée* sont répartis entre les quatre années de la *tertia* et de la *secunda*. La même méthode s'applique aux auteurs latins ; et quand je relève dans les programmes des gymnases de Hanau, de Francfort, de Cüstrin, de Brandebourg, de Leipsick, et même, hélas ! de Strasbourg et de Colmar, la liste des ouvrages étudiés en un an, je suis confondu de notre infériorité. Il ne m'est pas possible de vous donner toutes ces listes ; je cite comme spécimen une des moins chargées, celle de la *prima* du gymnase de Brandebourg pendant l'année classique 1870. 1re année : prose, Cicéron, *pro Milone* (été), de *Oratore* 1 ou 2 (hiver) ; Tacite, *Annales, passim* et *Agricola;* poésie, Horace, Odes, livres I et II, Épîtres, livres I, 1, 2, 16, 19, 20 ; II, 1, 2. — 2e année : prose, Cicéron, *de Officiis*, 1, *Choix de lettres* (hiver), *Tusculanes*, livres I ou V ; Tacite, *la Germanie* (été) ; poésie, Horace, Odes, III, Sat., I, 1, 6, 9 (été), Odes, IV, *Art poétique* (hiver).

Mais ce n'est pas tout : à ces lectures en classe se joignent des lectures privées, facultatives ou obligatoires, proposées aux élèves au commencement de chaque semestre. Ces dernières sont divisées en tâches hebdomadaires, et le professeur doit les contrôler une fois par semaine en interrogeant les élèves et en rattachant les lectures aux différents exercices de la classe. Nous en donnons la matière (*pensum*) pour l'*unterprima* du gymnase de Brandebourg en 1870 :

*Lectures facultatives :* 1° Prose : Cicéron, *Lélius, cinquième Verrine, Lettres;* Salluste, *Jugurtha;* Quintilien, liv. X; de plus, Muret et d'autres auteurs modernes. 2° Poésie : Horace, choix des élégiaques romains, particulièrement Tibulle; au moins une pièce de Plaute (le *Trinummus*), et une de Térence (l'*Andrienne*). A ce propos, le programme conseille de lire en classe, s'il reste du temps à la fin de chaque semestre, une comédie de ces deux auteurs.

*Lectures obligatoires :* 1° Prose : Tite-Live, deux livres par semestre. 2° Poésie : Horace, tout ce qui n'a pas été vu en classe, particulièrement dans les Satires et les Épîtres. Au gymnase de Cüstrin (*Raths-und Friedrichs-Gymnasium*), les lectures privées portent sur plusieurs discours de Cicéron, sur ceux de Tite-Live, de Salluste; sur la troisième décade de Tite-Live, sur les écrits de Tacite non expliqués en classe. Mais, en général, Tite-Live et Salluste sont pour la prose les auteurs habituels des deux années de *secunda;* il en est de même de Virgile pour la poésie.

*4° Exercices divers de classe à propos des auteurs.* — Aux explications et aux lectures faites en classe tous les programmes recommandent de joindre des notions et des exercices de rhétorique (études des divisions des discours, des tropes, des figures de mots et de pensées; construction du plan d'un discours ou d'une dissertation), de métrique et de versification (distique élégiaque, principales strophes lyriques d'Horace); notices de biographie, d'histoire littéraire des genres (l'épopée, par exemple, en *tertia* et en *secunda,* à l'occasion d'Homère et de Virgile; la poésie lyrique, en *prima,* à propos des odes d'Horace; la poésie dramatique, en abordant Sophocle ou Térence). En outre, nous l'avons dit, l'enseignement de l'allemand en *prima* comprend partout une histoire de la langue et de la littérature allemande ancienne et moderne, avec des citations et des lectures.

Enfin, à la langue allemande se rattache, en *prima,* comme

nous l'avons déjà indiqué, la *propédeutique philosophique*. Cette étude élémentaire embrasse en première année la *psychologie*, en deuxième année la *logique*. Dans certains gymnases, on leur accorde trois heures pendant les deux premiers mois du premier ou du second semestre de l'année classique (semestre d'hiver). Le programme de ces deux cours est très précis et renfermé dans des limites régulièrement circonscrites.

Nous avons déjà mentionné les exercices de lecture à haute voix, tant appréciés de Rollin, si négligés dans nos classes[1]; nous avons indiqué aussi les exercices de parole. Le programme du gymnase de Cüstrin les recommande surtout sous forme de discussions littéraires provoquées par de libres expositions (*freie Vorträge*), c'est-à-dire par des analyses et des comptes rendus de lectures[2].

5° *Leçons*. — Nous n'avons point parlé jusqu'ici des exercices de mémoire appliqués aux auteurs. Ils sont courts et peu fréquents : tout se borne, pour le latin, en *prima*, à une ode d'Horace ou à un chapitre de Cicéron par semaine, et en *secunda*, à une trentaine de vers de Virgile ou de Térence, ou à un chapitre équivalent de Tite-Live. Je ne vois pas qu'on apprenne par cœur des morceaux d'auteurs grecs, d'auteurs français ou même d'auteurs allemands. Cependant le lycée allemand de Strasbourg (1871-82) mentionne en

1. Une récente circulaire de M. le ministre Bardoux a recommandé avec raison l'exercice de la lecture à haute voix, et l'on a répandu dans les classes de nos lycées et collèges le charmant ouvrage de M. Legouvé, *L'art de la lecture*. Cependant l'inspection générale de 1879, au moins dans les établissements que nous avons visités, a constaté presque partout que les élèves ont été peu exercés à la lecture et qu'ils n'ont pas sérieusement appliqué les principes du spirituel académicien. Nous n'accusons pas le zèle des professeurs ; mais l'accumulation des tâches quotidiennes imposées à l'enseignement laisse peu de place à ces agréables et utiles exercices.

2. Voilà encore un exercice qui manque trop souvent dans nos classes de rhétorique. Les jeunes gens n'apprennent pas, en général, à exposer leurs idées, à rendre compte de leurs lectures, à défendre leurs opinions ou leurs préférences littéraires. C'est seulement dans quelques bonnes classes de philosophie que l'élève commence à jouer un rôle actif et qu'il s'exerce à la parole.

*prima*, pour la poésie allemande et la poésie française, quelques exercices de mémoire[1]. Au lycée de Colmar, je ne trouve trace de récitation que dans la *quarta* de l'école réelle annexée au collège classique; là on apprend par cœur des morceaux faciles de poésie et de prose[2].

On voit combien les Allemands, d'accord avec les maîtres de Port-Royal, qui allaient jusqu'à supprimer les exercices de mémoire, s'écartent sur ce point de nos habitudes actuelles. La récitation est une des parties les plus importantes de notre enseignement : à l'étude et en classe elle occupe une place considérable, au grand détriment d'exercices plus personnels; elle est, pour beaucoup de nos écoliers, plus légers ou moins bien doués que leurs camarades, une occasion journalière de pensums, de retenues, de privations de sortie. Sous la direction de certains professeurs, l'élève dont la mémoire est rebelle trouve dans la vie de collège une suite non interrompue de punitions. Enfin, nos concours trimestriels de récitation sont portés quelquefois à un tel excès que les jeunes gens laborieux en sortent épuisés. Leur santé en souffre gravement; mais leurs études mêmes, forcément interrompues pendant huit ou quinze jours, leur intelligence surmenée par cette tâche, profitent-elles de cet effort prodigieux? Pour moi, depuis longtemps ma conviction est faite, et j'appliquerais volontiers à cette pratique barbare le mot d'un grand poète et d'un homme de cœur, M. de Laprade : *l'éducation homicide*[3].

---

1. Choix d'odes de Klopstock. — Le *récit d'Athalie*, le *récit du Cid*, l'ode de J.-B. Rousseau *sur l'aveuglement des hommes*, le *Cor* d'Alfred de Vigny, des poésies de Voltaire, de Chénedollé, de V. Hugo, etc.

2. Programme de 1871-72. — *Memoriren leichterer Gedichte und Prosastücke.*

3. En relisant cette page, après sept années, je ne puis ni l'effacer ni l'adoucir. Déjà, en 1869, dans la *Revue de l'Instruction publique* (voy. à l'*Appendice*, III), j'ai exprimé vivement mon opinion sur les concours de récitation; je l'ai reproduite dans un rapport à M. le vice-recteur de l'Académie de Paris (novembre 1872). M. Villemain, qui a introduit ces concours en 1843, et qui était doué d'une prodigieuse mémoire, ne comprenait pas les tortures de beaucoup d'écoliers condamnés à apprendre par cœur de longues pages. D'ail-

6° *Devoirs écrits. Compositions.* — J'arrive à un dernier point où la différence entre les gymnases allemands et nos lycées était, jusqu'à ces derniers mois, presque aussi considérable. Dans toutes les classes, mais surtout dans les moins élevées, les tâches écrites sont très rares; la préparation des *exercitia*, celle des auteurs et de la grammaire occupent les enfants, que l'on ne veut pas d'ailleurs assujettir à de longues heures d'immobilité. Ils n'ont par semaine qu'une ou deux tâches écrites : elles portent sur la

leurs, dans son intention, cet exercice devait être accompagné d'interrogations qui permissent de juger si l'élève comprenait bien ce qu'il récitait. Le professeur devait tenir compte de la manière de dire. « La prononciation, dit l'arrêté du 1er août 1843, doit être correcte, intelligente et accentuée. » Malheureusement, vu le grand nombre des élèves réunis dans une même division, ce règlement est resté presque partout lettre morte; pour l'appliquer dans son étendue et dans son esprit, il faudrait consacrer une semaine entière à la composition. Aujourd'hui il s'agit surtout d'aller vite et d'éviter les hésitations : aussi, presque toujours, ce sont des élèves médiocres qui, grâce à un don naturel, arrivent aux premières places. Leurs camarades les plus distingués, sûrs d'être vaincus dans une épreuve toute mécanique, s'abstiennent de leur disputer la prééminence.

Un autre abus fréquent des exercices de mémoire, c'est de s'appliquer à des auteurs dont la pensée et le style n'ont rien d'assez saillant pour frapper l'attention de la jeunesse. Horace l'a dit il y a longtemps : ce sont les poètes qui doivent, par excellence, faire l'éducation de la bouche délicate et balbutiante de l'enfant :

Os tenorum pueri balbumque poeta figurat.

J'ajoute qu'ils font en même temps l'éducation de son oreille et de son cœur. Conçoit-on que certains professeurs condamnent de tout jeunes écoliers à apprendre uniquement pendant une année entière les pages correctes et sages, mais ternes et uniformes, de Rollin, de Fleury, de Duguet, de Barthélemy et d'autres écrivains semblables ? Nous en avons trouvé qui ne donnent pas même de temps en temps à leurs élèves la fête d'une fable de la Fontaine ou de Florian, d'un bel extrait de Racine ou de Boileau. Comprend-on un professeur de troisième qui exclut, par système, pendant les dix longs mois de l'année classique, tous les poètes ? Et la troisième est le début des humanités !

Parmi les écrivains en prose, il faut choisir, pour les exercices de récitation, ceux qui ont le plus d'originalité et de relief; une page de Bossuet, de Pascal, de la Bruyère, de Montesquieu, s'apprend dix fois plus vite et se retient dix fois mieux qu'un morceau de Massillon, et même de Fénelon et de Voltaire, malgré la grâce et le naturel aimable du style de ces deux derniers prosateurs.

langue allemande ; c'est, tous les huit jours, une dictée d'orthographe, et tous les quinze jours, une sorte d'exposition (*Aufgabe*) d'une théorie grammaticale. La composition véritable (*Aufsatz*), même pour la langue maternelle, ne commence qu'avec la troisième. Quelquefois, mais très rarement, les élèves traduisent par écrit certains passages d'auteurs grecs, latins, français, déjà expliqués en classe ; mais ils ne font point de versions proprement dites. Il faut le regretter, car les exercices de traduction sont une gymnastique puissante, et ces luttes vigoureuses donnent à l'esprit beaucoup de pénétration, de force et de souplesse. Quelques élèves heureusement doués sont invités parfois à écrire librement une pièce de vers latins ; mais c'est une exception, car on pense en Allemagne comme les maîtres de Port-Royal : « Il » semble, disait Arnauld, qu'il suffit d'avoir montré en troi- » sième à mesurer, tourner et rassembler des vers. Il faut » suivre en cela le génie des écoliers. C'est ordinairement » un temps perdu que de leur donner des vers à composer » au logis. De soixante-dix à quatre-vingts écoliers, il peut » y en avoir deux ou trois de qui on arrache quelque chose ; » le reste se morfond, se tourmente pour ne rien faire qui » vaille. » En *secunda*, la composition latine prend une place à côté de la composition allemande. Quelquefois, mais plutôt en *prima*, on y joint de petites compositions françaises [1]. Les sujets de ces devoirs sont donnés en classe, huit jours à l'avance ; le nombre réglementaire pour chaque branche d'enseignement est d'un par quatre semaines, c'est-à-dire douze pour l'année classique. Grâce à l'alternance,

---

1. Dans le programme de *prima* du gymnase de Brandebourg (1870-1871), on impose chaque semaine un véritable thème français (*Uebersetzung aus dem Deutschen in das Französische*). Le programme ajoute : « Des essais de petites compositions libres sont, il est vrai, bien désirables ; mais ils ne peuvent être prescrits que pour la forme. » Dans le choix des lectures françaises de cette classe, nous trouvons l'*Hernani* de V. Hugo, la *Lucrèce* de Ponsard, à côté des chefs-d'œuvre de Corneille, de Racine et de Molière. Au Nicolaïgymnasium de Leipsick (année 1871-1872), on a lu en *unterprima* le roman de *Mademoiselle de la Seiglière* de Jules Sandeau.

c'est à peine une composition par semaine. Tous ces travaux, dictées, versions, compositions, sont faits sur cahiers, remis au professeur à la fin de la semaine, soigneusement corrigés par lui, revisés par le directeur et par l'*Ordinarius* de la classe (nous expliquerons bientôt le rôle du professeur qui porte ce nom) et enfin rendus aux élèves. Ceux-ci doivent les représenter à l'époque de leur *examen de passage* et même, au moins pour les travaux des deux années de *prima*, au moment de l'examen de maturité.

Si le nombre des compositions est beaucoup moindre qu'il n'était chez nous jusqu'ici [1], la nature en est aussi bien différente. On évite les sujets de pure imagination ; on craint peut-être plus que de raison ces amplifications oratoires qui, par les connaissances historiques et politiques qu'elles supposent, dépassent quelquefois la portée des jeunes gens et pourraient, sous un maître inexpérimenté ou inattentif, les habituer à se payer de phrases et à tomber dans la déclamation [2]. Les sujets sont donc presque toujours un jugement

1. Après le départ de M. Jules Simon, on s'est hâté de revenir aux anciennes habitudes. Les élèves n'ont gagné à ses essais de réformes qu'une aggravation de leur tâche hebdomadaire. Car on a rétabli tous les exercices supprimés par la circulaire de 1872, mais on a maintenu en même temps, dans les programmes, ceux qui devaient remplacer les premiers, c'est-à-dire les compositions françaises (analyses, biographies, narrations, lettres, etc.). Il est vrai que ces devoirs français, exclus, sauf en rhétorique, des concours généraux et des concours académiques, ont un rôle tout à fait secondaire. Souvent les professeurs croient entrer dans les vues des inspecteurs généraux en faisant la place très petite à ces exercices. Nous en avons vu qui, *par prudence*, s'abstenaient de les inscrire sur le cahier de textes de leur classe ; ils nous ont fait eux-mêmes cet aveu.

2. Nous reconnaissons toutefois que l'exercice du discours, tel que nous l'avons pratiqué autrefois sous un habile maître, M. Rinn, qui ne séparait jamais la pensée du style ni le sentiment moral du développement oratoire, tel que nous avons essayé à notre tour, avec beaucoup de nos collègues, de le faire pratiquer à nos élèves, demande sans doute une certaine maturité d'esprit, mais qu'il est plus utile que dangereux. En donnant aux jeunes gens comme règle suprême la sincérité, en leur apprenant à ne jamais exprimer des opinions et des sentiments que désavouerait leur conscience, à ne jamais mentir à leurs convictions et à leur cœur, nous les mettions en garde contre le grand danger du discours de rhétorique, la déclamation.

En outre, pour bien traiter de tels sujets, le plus souvent politiques ou judi-

historique, le développement d'une pensée morale, une appréciation littéraire. En voici quelques-uns pris dans les programmes de plusieurs années classiques du gymnase de Hanau : « *Lycurgue législateur de Sparte. — Causes des guerres médiques. — Pour quelles raisons Tacite a-t-il dit qu'à Rome, au temps d'Auguste, les intérêts de la paix demandaient le pouvoir d'un seul? — Court récit de la première guerre punique. — De l'ode d'Horace intitulée Archytas. — Comment expliquer la condamnation de Socrate? — Pourquoi Horace a-t-il dit que la Grèce conquise a conquis son vainqueur? — Montrer que les Romains ont*

claires, il faut se livrer à une étude particulière non seulement des faits en question, mais de l'orateur et de son temps ; de là des recherches d'histoire, bien préférables au travail fastidieux et stérile des rédactions, et, par suite, une connaissance durable de certaines époques et de certains personnages. Les élèves de nos lycées n'oublieront jamais tant de nobles figures que nous leur avons fait connaître par les discours : un Solon, un Socrate, un Phocion, un Philopémen, un Caton, un Fabius, un Scipion Émilien, un Lélius, un Thraséas, un Helvidius Priscus, un Dion Cassius, un Marc Aurèle, et, dans les temps modernes, Gerson, Bayart, Lhôpital, de Thou, Etienne Pasquier, Achille de Harlay, Mathieu Molé, saint Vincent de Paul, Colbert, Pomponne, Vauban, Plélo, Vauvenargues, Turgot, Malesherbes, Cheverus. Nous ne parlons pas des nations étrangères, qui nous ont fourni les Gama, les Colomb, les Raleigh, les Hampden, les Chatam, les Franklin, les Washington ; ni des temps plus voisins du nôtre, dans lesquels il est possible aujourd'hui d'aller chercher de belles causes et de généreux orateurs. MM. Delalain viennent précisément de réunir en un beau volume les compositions de discours français couronnées dans les concours généraux, depuis 1831 jusqu'à la présente année. Que l'on parcoure ce recueil, celui de M. Pierrot-Deseilligny et quelques autres, combien on y trouvera de sujets intéressants, de compositions sérieuses, honnêtes, distinguées !

Aujourd'hui, par prudence sans doute, et par crainte des allusions politiques, on puise de préférence dans l'histoire littéraire. On doit peut-être le regretter ; car ce genre de sujets développe moins chez les jeunes gens les sentiments généreux, l'amour de la patrie, le culte du droit et de la justice, l'enthousiasme pour les nobles causes. Il suppose, d'ailleurs, des qualités critiques et une maturité de goût qui ne sont pas de leur âge. Sans doute, les derniers concours généraux nous ont donné trois fois en ce genre (1876, 1877, 1878) une composition très remarquable. Mais cette exception brillante confirme encore notre observation : retirez cette première copie, œuvre d'un jeune homme vraiment supérieur, candidat à l'École normale; retirez la seconde et, à la rigueur, la troisième ; le reste est médiocre ou faible

*été grands surtout dans l'adversité. — Vie d'Horace. — Nisus et Euryale. — Sujet de la première satire d'Horace. — La première Olynthienne de Démosthène. — Vie, caractère et mort de Germanicus.* » On remarquera que la plupart de ces questions se rattachent aux lectures de la classe.

Les sujets de composition en allemand sont plutôt de ces pensées morales appelées *chries*, que notre Rollin recommandait après Quintilien : *Velle parum est* (Ovide) ; *Odi profanum vulgus et arceo* (Horace) ; *Hic murus aheneus esto, Nil conscire sibi, nulla pallescere culpa* (Horace) ; *Suis et ipsa Roma viribus ruit* (Horace), etc., etc. Plus souvent ce sont des proverbes allemands : « chacun est le forgeron (l'artisan) de sa propre fortune [1] ». D'autres sont empruntés à la Grèce, par exemple, le beau vers d'Hésiode : « En avant de la vertu, les Dieux immortels ont placé la sueur, » ou cette sentence d'Homère : « L'homme de conseil ne doit pas dormir toute la nuit, » et celle de Théognis : « Le savoir est le guide de l'action. »

Ces longs détails sur l'enseignement littéraire des gymnases n'étaient pas, je crois, inutiles. Ils nous ont permis d'apprécier dans toutes ses parties la méthode de l'Allemagne. Sans doute, pour que l'enquête fût complète, il faudrait pénétrer dans les classes, assister aux exercices, suivre les explications, parcourir les compositions, constater tous les résultats. Mais nous avons pu apprécier du moins l'esprit des programmes et y reconnaître cette pensée constante : ne pas surmener l'enfant et le jeune homme, les *tenir toujours au-dessus de leur travail*, suivant la pratique du père de Pascal ; ne pas contrarier ce développement physique, que l'on ne contraint pas sans détruire en même temps la force et la fraîcheur de l'esprit ; s'adresser à l'intelligence plutôt qu'à la mémoire ; éveiller l'activité personnelle par des interrogations et des exercices oraux ; éviter ces longues tâches

_______

1. Ein Jeder ist seines Glückes. Schmied.

manuelles, traductions en mot à mot sur cahier et sur copie, analyses écrites, dictées de textes et de corrigés, listes de verbes, si chères à notre routine ; faire enfin de la classe un enseignement réel et non une vérification du travail de l'étude. Voilà ce qu'a voulu l'Allemagne, et ce qu'ont imité, ce que préparent après elle beaucoup d'autres nations de l'Europe.

Les mêmes besoins, les mêmes souffrances existent chez nous, et, dans l'effort de tous les bons citoyens pour régénérer notre pays, le rôle de l'enseignement ne saurait être négligé. L'opinion publique demande aussi pour notre jeunesse une éducation qui sacrifie moins le corps à l'esprit ; qui mesure moins avarement à l'enfance les heures nécessaires au développement physique ; qui retranche beaucoup de tâches ingrates et fastidieuses ; qui, par la variété et l'intérêt des exercices, rende l'étude aimable et dissipe « *l'ennui qui pèse sur nos classes*[1] ». Comme le corps et comme l'esprit, l'âme y gagnera, et de nos écoles sortiront des générations plus robustes, plus intelligentes, plus morales, mieux trempées pour les travaux et les devoirs de la vie.

Je serais entraîné trop loin si j'entreprenais de vous exposer le programme des autres études du gymnase, histoire, géographie, mathématiques, physique et histoire naturelle. Je dois me borner à vous dire qu'ils sont simples et peu chargés ; qu'on en a sévèrement banni l'érudition, cette perfide ennemie de l'enseignement du collège ; qu'enfin on ne connaît pas dans les gymnases les longues rédactions qui prennent tant d'heures à nos enfants sans grand profit pour leur intelligence et au grand détriment de leur style. En géographie, de bonnes cartes, que l'élève devra souvent reproduire sur le papier ou sur le tableau ; en histoire, de bons précis, de bons tableaux synchroniques, et surtout des exercices de classe ; dans les sciences exactes et naturelles,

_______

1. Ch. Clavel, déjà cité à la page 23, note 1. — Voyez notre *Lettre à M. Cuvillier-Fleury*, p. 27. — Voyez aussi, au sujet de l'éducation physique, les pages 9, 10 et 11 de la même brochure.

des livres élémentaires et surtout la vue et l'analyse des phénomènes, des corps, des animaux, des plantes, voilà ce qui doit graver dans la tête des élèves les idées, les faits et les choses. La rédaction confie au papier l'exposition affaiblie et diffuse de la leçon du maître, sans la faire passer vraiment dans l'intelligence. Avec nos cours savants, plus appropriés aux Facultés qu'aux colléges, nous faisons quelques érudits précoces, espoir des concours généraux, mais nous ne pouvons contrôler le travail de tous, et le plus grand nombre des élèves sort de nos mains ignorant et dégoûté des études d'histoire [1].

[1]. Aujourd'hui, comme au temps où nous étions élève, l'étude de l'histoire à Paris et dans les grands lycées de province qui visent aux succès de concours généraux, est vraiment absorbante. Ce n'est pas tout de rédiger et de retenir la leçon du professeur. Celui-ci indique des lectures; ce sont quelquefois plusieurs volumes pour une seule période, que dis-je? pour un seul personnage. Il faudra lire la grosse *Histoire de Louvois*, par M. Rousset; l'*Histoire de Colbert*, de M. Clément; *la Misère au temps de la Fronde*, de M. Feillet. A mesure que l'érudition multiplie les travaux particuliers sur chaque période de notre histoire et même de l'histoire étrangère, la tâche de nos écoliers augmente. Il faut bien prévoir les questions du concours général et être prêt sur tous les points. Devons-nous accuser le zèle trop ardent des professeurs? Ne sont-ils pas forcément engagés dans cette voie par les sujets des concours annuels? N'a-t-on pas donné, en 1873, à des enfants de quatrième, la question suivante : « De l'armée chez les Romains, au temps des guerres puniques; service militaire, mode de recrutement et d'avancement, discipline, armement, tactique. Indiquer, parmi les causes de la grandeur de Rome, celles qui se rapportent à l'armée. »

Ce travail disproportionné force quelques élèves, partisans de l'histoire ou ambitieux de couronnes moins chanceuses et moins disputées que les autres, à négliger le reste de l'enseignement et, comme on dit, à « cultiver la spécialité ». D'autres, qui veulent mener de front l'histoire et le reste de leurs études sont surmenés; leurs familles ont peine à obtenir d'eux, le dimanche, quelques heures de répit. Mais les forces des jeunes gens ont leurs limites; cette continuelle tension d'esprit ôte à leur imagination sa fraîcheur, à leur sensibilité sa verve, à leur intelligence sa vigueur. L'habitude des extraits rapides, des longues rédactions, énerve leur style; les compositions personnelles les montrent ternes et effacés. Depuis trente ans, combien de pères de famille nous ont confié, à ce sujet, leurs inquiétudes et leur chagrin! On répondra que le plus grand nombre des écoliers en prend à son aise. Mais ne sont-ce pas les natures d'élite que nous sacrifions? Et l'exagération des tâches n'est-elle pas un encouragement et une excuse pour la paresse?

DELTOUR. 3

VI. Harmonie entre les divers enseignements. Rôle du directeur et de l'ordinarius. Le proviseur et le censeur des études. Le conseil des professeurs. — Messieurs, la bonté des méthodes, le choix judicieux des livres, la précision et la sobriété des programmes font beaucoup pour le succès de l'enseignement; mais ce qui importe encore plus, ce sont les bons maîtres, car on l'a dit souvent et avec raison, tant vaut l'homme, tant vaut la méthode. Obtenir de chaque professeur qu'il sacrifie à l'intérêt de ses élèves ses préférences et ses études particulières, qu'il songe toujours que *le maître est fait pour l'élève et non l'élève pour le maître;* assurer de classe en classe la marche régulièrement progressive de chaque enseignement, et, ce qui est plus difficile encore, établir l'harmonie entre tous les enseignements d'une même classe, voilà surtout ce qui fait les progrès des élèves et la prospérité des écoles. Or, sur ce point encore, il faut l'avouer, la discipline des gymnases est merveilleuse. Je trouve partout la régularité et l'entente; trop de fois, chez nous, malgré le talent et le zèle des maîtres, il a fallu signaler l'anarchie. Ces conseils de professeurs, tombés en désuétude dans nos lycées, et si sagement rétablis et constitués par la dernière circulaire ministérielle [1], existent depuis longtemps dans tous les gymnases; c'est à ce collège de professeurs qu'appartiennent l'examen et le choix des grammaires et des auteurs. C'est là que, sous la présidence du directeur, on établit cette unité et cette progression si salutaires aux études. D'ailleurs, quand il s'agit d'introduire un livre nouveau, l'avis du *Conseil d'études de la province (Provinzial Schulcollegium)* et l'autorisation du ministre sont nécessaires.

Le rôle du *directeur* est très important dans les gymnases.

---

1. On sait qu'ils sont bien vite tombés en désuétude ou que leur rôle a été singulièrement restreint. Cependant, dans beaucoup de lycées, on se réunit encore au commencement et à la fin de l'année classique, pour traiter en commun certaines questions, et décider, par exemple, du choix des grammaires.

C'est toujours un professeur, et un des plus éminents par le savoir ; j'en pourrais citer qui sont illustres dans l'érudition ou dans la science. Le directeur a donc sur tous ses collègues une grande autorité morale : il doit (je cite le règlement) « surveiller l'application des méthodes ; combattre l'esprit d'isolement et d'indépendance, l'affectation de l'originalité ; établir l'accord entre les théories grammaticales ; s'assurer que le professeur ne dépasse jamais la portée des élèves, qu'il ne substitue pas des procédés mécaniques à une marche intelligente, qu'il reste pour les devoirs dans la mesure prescrite, qu'il n'y a pas de contradiction entre l'enseignement religieux et l'enseignement purement historique ».

Il est aidé dans sa tâche par l'*Ordinarius*. Ce fonctionnaire a quelque analogie avec l'ancien et unique *professeur titulaire* de nos classes de Paris. Il est de plus une sorte d'*inspecteur spécial* de toutes les divisions et de tous les enseignements de sa classe. Il a lui-même comme professeur une place considérable. Souvent c'est à lui qu'est confié l'enseignement religieux, et il y joint d'ordinaire celui du latin, du grec ou de l'histoire.

On sent très bien en Allemagne le danger du trop fréquent changement de maîtres et de méthodes. On encourage donc les *Ordinarii* et même les autres professeurs à suivre leurs élèves pendant deux ou trois années.

Mais il est difficile qu'il y ait pour chaque classe moins de quatre maîtres, et il en faut cinq ou six dans les divisions supérieures. L'*Ordinarius* a donc pour fonctions de maintenir entre tous ces professeurs l'unité de discipline ; de surveiller, de diriger par ses conseils leur habileté didactique ; de prémunir l'enseignement contre deux périls opposés, trop de faiblesse ou trop d'élévation. Il doit aussi protéger les élèves contre les tâches excessives et assurer entre les devoirs donnés par chaque maître une juste proportion. Aussi, chaque semaine, les cahiers, après la correction du professeur, passent-ils par les mains de l'*Ordinarius* ; il a le droit de donner des avis à ses collègues et de leur signaler, au besoin, les sujets mal choisis. Notre esprit d'indépendance rendrait chez nous ce rôle très difficile, car l'*Ordinarius* n'a sur ses collègues aucune autorité officielle, sa prééminence est toute morale ; mais elle est facilement acceptée en Allemagne au grand profit des élèves et des études[1].

VII. DES DIVISIONS. — Dans les gymnases, comme chez nous, chaque fois que le nombre des élèves d'une classe dépasse une certaine moyenne, on établit une ou plusieurs divisions parallèles. La règle est de ne point réunir en *première* et en *seconde* plus de quarante écoliers, et dans les autres classes plus de cinquante. Il nous semble que le contraire serait préférable, car plus l'enfant est jeune, plus il a besoin d'être surveillé et tenu en éveil par des interrogations fréquentes. Cependant, dans les classes supérieures, les

1. C'est encore une des critiques qu'on adresse à notre enseignement, et nous n'oserions soutenir qu'elle est mal fondée. Beaucoup de professeurs, entraînés par leur ardeur, multiplient les tâches journalières de leurs élèves, sans se rappeler que ceux-ci en ont d'autres. Le professeur de langues anciennes tient trop peu de compte de l'histoire, de la géographie, des mathématiques, des langues vivantes. A leur tour l'histoire et la géographie sont trop exigeantes. En général, les mathématiques et les langues modernes sont plus modestes ; ces dernières, récemment admises au partage du temps régulier des classes, semblent vouloir se faire pardonner leur intrusion. Ne faut-il pas aussi des heures pour le travail des conférences religieuses, pour le dessin, pour le chant, pour la musique instrumentale que beaucoup d'élèves apprennent, pour les exercices de la gymnastique et du fusil ? Faute de ce calcul, on n'obtient de la plupart des jeunes gens, dans chaque branche d'études, qu'un travail superficiel, où la main a plus de part que l'intelligence. Quant aux natures généreuses et ardentes, elles s'y épuisent.

Mais, dira-t-on, le proviseur et le censeur des études n'ont-ils pas le devoir de répartir pour chaque semaine entre les divers enseignements, dans la proportion de leur importance, le total des heures de travail, suivant la pratique rigoureuse de l'École polytechnique et de l'École militaire ? Sans doute, et nous connaissons des lycées où ce règlement existe autrement qu'à l'état de lettre morte. Mais il est difficile d'en vérifier l'application régulière ; étendue à toutes les classes d'un grand établissement, cette surveillance est presque illusoire. L'action de l'*Ordinarius* des gymnases allemands, dans le cercle restreint où elle s'exerce, est bien plus efficace ; d'ailleurs il s'agit pour lui de ses propres élèves, et il est plus directement intéressé à défendre leurs intérêts. Il arrive aussi plus d'une fois que les administrateurs de nos lycées, au moins en pro-

exercices oraux sont si variés et si importants, qu'une trop
grande réunion d'élèves serait nuisible aux progrès. Il n'en
est pas, en effet, de ces cours comme de nos classes de rhétorique, où le professeur a besoin, dit-on, d'être excité et
soutenu par une nombreuse assistance. La méthode d'enseignement oral n'admet pas ces brillants monologues où l'écolier est transformé en auditeur bénévole et en juge. Le
professeur doit s'effacer devant l'élève. C'est ainsi que l'entendait Montaigne. « On ne cesse, a-t-il dit, de criailler à nos
» oreilles, comme qui verseroit dans un entonnoir, et nostre
» charge ce n'est que redire ce qu'on nous a dit. Je voudrois
» qu'il corrigeast cette partie, et que de belle arrivée, selon
» la portée de l'âme qu'il a en main, il commençast à la
» mettre sur la montre, luy faisant gouster les choses, les
» choisir et discerner d'elle-mesme : quelquefois luy ouvrant

vince, inférieurs pour les grades à beaucoup de leurs professeurs, n'ont pas
une autorité suffisante pour faire observer leur programme.

Nous parlions plus haut du rôle de ces conseils dont M. Jules Simon avait
prescrit la convocation périodique. Ne conviendrait-il pas de leur soumettre
cette répartition des heures de travail, et surtout de fixer, d'accord avec eux, la
marche des explications de classe en classe? Aujourd'hui l'inspection a trop
souvent le chagrin de constater que cette partie importante des études est
livrée au hasard. Tels élèves auront commencé, en quatrième, l'étude de
l'*Enéide* par le second chant, pour prendre le cinquième dans la classe suivante, pour étudier en seconde le huitième, et pour remonter au troisième ou
au sixième en rhétorique; heureux encore lorsque la marche naturelle des
choses n'aura pas été plus gravement troublée ! Combien de fois n'avons-nous
pas exprimé le regret que toute une génération d'écoliers fût privée de la connaissance des beaux épisodes des *Géorgiques* ! En effet, le professeur de troisième, ayant le choix entre ces morceaux, les *Églogues*, et les 3ᵉ et 5ᵉ livres
de l'*Énéide*, préfère souvent, par le légitime désir de renouveler son enseignement, ou les *Églogues*, ou un livre de l'*Énéide*. Mais qu'un plan uniforme
soit arrêté pour une série de quatre années, de la quatrième à la rhétorique,
entre l'administration du lycée et les professeurs; qu'on distribue entre les
quatre classes d'humanités les chants principaux de l'*Énéide*, avec l'analyse
de ceux que le temps ne permettrait pas d'expliquer; qu'on fixe une place
obligatoire à ces admirables épisodes qui font nécessairement partie de l'éducation littéraire, et alors nos élèves quitteront le collège avec une connaissance
suffisante de Virgile. Aujourd'hui, « après en avoir mâchonné de petites bou-
chées », suivant l'expression de M. About (*le Progrès*, voy. la *Lettre à
M. Cuvillier-Fleury*, p. 29), ils ferment le volume à la sortie de la rhétorique
sans être jamais tentés de l  uvrir.

» le chemin, quelquefois le luy laissant ouvrir. Je ne veux
» pas qu'il invente, et parle seul; je veux qu'il escoute son
» disciple parler à son tour... Il est bon qu'il le face trotter
» devant luy, pour juger de son train, et juger jusques à
» quel point il se doibt ravaller pour s'accommoder à sa
» force [1]. »

Plus l'enseignement se rapprochera de ces vues si fines et
si profondes, plus le nombre d'élèves devra être restreint.
Voilà pourquoi les maîtres de Port-Royal n'en recevaient
jamais plus de dix à quinze; voilà pourquoi Rollin insiste
partout sur une limite très sévère. Nos grands lycées, comme
les collèges des jésuites, se sont bien écartés de cette mesure;
de là surtout le modeste rôle qu'y joue l'enseignement oral.
Disons-le, même en Allemagne, la population des classes
nous semble trop nombreuse. Elle dépasse assez souvent
quarante dans la division supérieure, et, dans les divisions
moyennes et inférieures, elle va quelquefois jusqu'à soixante
et soixante et dix [2]. Il faut croire que cette affluence peut se
concilier avec des classes où le professeur, n'ayant jamais les
yeux sur des copies, peut surveiller sans cesse les élèves, où,
dans cet échange continuel de questions et de réponses, il
les tient toujours en haleine. Cependant nous croyons qu'il
vaut mieux multiplier les divisions.

Depuis quelques années, nos lycées se sont engagés résolument dans cette voie. Vu la nature mobile et légère de nos
écoliers, il est indispensable de s'y maintenir [3].

1. *Essais*, I, chap. xxv.
2. La *sexta* est la classe que l'on subdivise le moins; au Friedrich Wilhelm
Gymnasium de Berlin, la seconde formait en 1869 trois divisions de 55, 49 et
34 élèves, tandis que l'unique division de *sexta* en réunissait 76; au gymnase
de Culm le nombre s'élevait à 90.
3. Nous sommes heureux de dire que l'administration supérieure favorise
de plus en plus la formation de divisions nouvelles. Dans certains lycées, et
particulièrement au lycée Fontanes, les classes de grammaire sont encore
trop chargées d'élèves; mais les salles manquent pour créer de nouvelles
divisions.

VIII. Contrôle des études. — 1° *Examen de passage.* — Les études ont besoin d'une sanction et d'un contrôle. Toute pédagogie le proclame, et, au moins en théorie, la France s'accorde sur ces deux points avec la plupart des nations européennes. Chez nous, en effet, entre la division de grammaire et la division supérieure, il existe, pour une certaine catégorie d'élèves, un examen de passage. Mais cet examen s'étend à un trop petit nombre d'enfants et l'indulgence des juges est trop grande. En outre, dans chaque classe, à l'époque de la rentrée, les élèves d'une faiblesse notoire doivent être signalés à leur nouveau professeur et soumis à une enquête spéciale. Mais, quelque profonde que soit leur ignorance, il est bien rare que les conclusions du professeur soient acceptées; les familles, par leurs sollicitations, par cet argument que l'enfant ou le jeune homme ne ferait pas mieux dans la classe inférieure, par la menace de l'enlever au lycée, ont presque toujours gain de cause. Les examens publics établis par la dernière circulaire auront certainement pour effet de diminuer cet abus et d'enlever à nos classes des non-valeurs qui les encombrent. Le délégué du Ministre, qui présidera cette épreuve, sans cesser d'être bienveillant, lui donnera un caractère de juste sévérité; les considérations personnelles n'auront point d'accès auprès de lui, et la publicité des examens sera la meilleure garantie de son impartialité[1]. En Allemagne, ces examens de semestre et de passage existent depuis longtemps, et ils ont une solennité qui rappelle la pratique de notre ancienne Université. Rollin[2] leur donne le nom d'*exercices* et il ajoute : « On appelle ainsi les actions publiques dans lesquelles les écoliers rendent compte des auteurs qu'ils ont vus en classe ou en particulier, et de tout ce qui a fait la matière de leurs études. » Il montre ensuite les avantages de cette épreuve : « Par là, on les tient en haleine pendant toute une année et

_______________

1. Ces examens, institués par M. Jules Simon, ont été essayés en mars 1873 ; après le changement de ministère ils ont été supprimés.

2. *Traité des études*, livre VII, 2ᵉ partie, chap. II, art. 2.

on les oblige d'apporter beaucoup plus d'attention à leurs études, en leur montrant de loin le public comme devant être le témoin et le juge des progrès qu'ils auront faits. On leur donne aussi par là une honnête hardiesse, en les accoutumant de bonne heure à paraître en public, à parler devant le monde, à ne point fuir la lumière, en les guérissant d'une timidité naturelle et pardonnable à cet âge, mais qui serait un obstacle à une partie du bien qu'ils pourraient faire dans la suite .. » etc. Chose singulière, à chaque pas, dans ces réformes qu'on tente de discréditer comme des emprunts à l'Allemagne, nous retrouvons les méthodes et les usages de notre vieille France !

Dans les gymnases, deux examens publics ont lieu chaque année ; le premier à la fin du premier semestre, le second, plus solennel, à l'époque des vacances. Les programmes de l'examen sont imprimés d'avance, avec l'indication des jours et des heures où il sera subi par chaque catégorie d'élèves. Ces programmes sont envoyés aux familles ; ils portent habituellement le titre suivant : *Invitation à l'examen public des élèves*, et l'on y joint le compte rendu des travaux de l'année scolaire. C'est là que nous avons puisé une grande partie de nos renseignements. Les élèves qui sortent du gymnase et qui viennent de conquérir le certificat de maturité doivent assister à cette fête. Leurs noms sont inscrits sur le programme officiel avec le lieu de leur naissance, la durée de leur séjour en *prima*, les notes qu'ils ont obtenues dans l'examen, la Faculté à laquelle ils se destinent, l'Université qu'ils ont choisie. Ces brochures, précieusement gardées par les familles, forment comme des livres de noblesse que les pères transmettent à leurs fils ; ils tiennent lieu aux jeunes gens de nos bruyantes récompenses. Quant aux conséquences de ces examens publics, elles sont sérieuses : après un premier échec, c'est un nouveau séjour d'un an dans la classe ; après le second, c'est le renvoi du gymnase.

Grâce à cette sévérité, il n'arrive en *secunda* et en *prima* que des élèves à peu près assortis pour la force, capables de suivre ces cours importants et d'aborder au bout de trois ou quatre ans l'examen final qui doit leur ouvrir l'Université.

2° *Examen de maturité et baccalauréat.* — L'histoire de l'examen de maturité est très intéressante, et, si ce Mémoire devait recevoir de nouveaux développements, je croirais utile de la suivre dans le détail. La première institution du *Maturitäts prüfung* remonte à 1788. L'examen a d'abord été confié aux professeurs des gymnases sous la présidence d'un *Commissaire royal du collège provincial des écoles.* Quand les élèves n'appartenaient pas à un gymnase public, ils devaient subir leur examen devant les professeurs des Universités. Mais il se produisit beaucoup d'abus : le nombre des compositions fut tantôt trop réduit, tantôt trop multiplié, suivant les écoles ; beaucoup d'écoliers esquivèrent l'examen du gymnase et se présentèrent à l'Université, où les épreuves étaient plus courtes et notoirement plus faciles. D'autres suivirent pendant quelque temps les cours d'une Université étrangère, et, avec le certificat d'immatriculation obtenu dans cette Université, ils passèrent sans examen dans une Université du pays. Par suite, et sous l'influence et la direction du fameux Guillaume de Humboldt, une première réforme fut accomplie en 1812. Les résultats en furent médiocres ; on continua à signaler la facilité trop grande des commissions universitaires et, comme conséquence, la désertion des gymnases qu'on abandonnait pour une préparation hâtive à l'examen. Plusieurs modifications eurent lieu en 1825 et 1831 ; enfin en 1834 fut adopté un nouveau règlement qui, corrigé et complété en 1856, est devenu la loi de la Prusse et, à son exemple, du reste de l'Allemagne. En voici les principaux traits. L'examen est réservé exclusivement aux gymnases ; il a lieu dans les deux derniers mois de chaque semestre. La commission se compose du directeur et des professeurs des classes supérieures, assistés des membres du Conseil de surveillance des gymnases [1], là où

---

1. Appelé, selon les pays, *éphorat, scholarchat, curatorium.*

ce conseil existe, et présidés par un *Commissaire royal du collège de la province*. L'inscription doit être prise trois mois avant l'entrée à l'Université. Il faut justifier d'un séjour de deux ans ou au moins de trois semestres dans la *prima* du gymnase. Si un *primanus*, renvoyé d'un gymnase pour une faute disciplinaire, fréquente, en vue de l'examen, les cours d'un autre gymnase, le semestre pendant lequel a eu lieu son renvoi est retranché de son temps de séjour en *prima*. Il en est de même des *primani* qui ont quitté le gymnase pour échapper à une punition ou pour un motif autre que le changement de résidence de leurs parents ou tuteurs. Quant à ceux qui auraient déserté les classes moyennes ou supérieures des gymnases pour entrer dans la voie plus courte ou plus facile d'une préparation particulière, leur admission à l'examen est entourée de difficultés qui déjouent de plus en plus ce calcul.

Le jeune homme qui n'a pas suivi les cours dans un gymnase, soit qu'il ait fait ses études à l'étranger, soit qu'il ait été instruit dans sa famille, peut obtenir de se présenter à la commission d'examen du gymnase de la province qu'il habite. Il a sur les autres candidats un désavantage réel, puisqu'il n'est pas connu des professeurs. La commission doit lui en tenir compte.

Les matières de l'examen sont l'allemand, le latin, le grec, le français, l'enseignement religieux, l'histoire jointe à la géographie, les mathématiques. Toutes les instructions ministérielles insistent énergiquement sur le caractère de ces épreuves : il faut que les élèves se persuadent bien que le succès dépend non point d'une préparation précipitée pendant un semestre, mais d'une application ancienne et soutenue. On ne veut pas d'une science extérieure dont la mémoire s'est chargée pour la *regorger aussitôt*, selon l'expression de Montaigne, *comme elle a été avalée*[1]. Il faut

---

1. *Essais*, I, chap. XXV. « C'est tesmoignage de crudité et indigestion que de regorger la viande comme on l'a avallée; l'estomach n'a pas faict son

déjouer cette funeste routine et aider à se produire le véritable savoir, fruit lentement mûri du travail de toutes les études.

La partie écrite de l'examen comprend cinq devoirs : 1° un sujet de composition en allemand; 2° un *extemporale* latin (thème fait sur la lecture d'un morceau allemand ou d'après un texte préalablement dicté), en outre une petite composition latine sur un sujet connu du candidat, à qui l'on demande surtout la correction et la facilité du style; 3° un exercice grec (*scriptum*) court et facile, propre à justifier de la connaissance des formes et de la syntaxe; 4° la traduction en français d'un morceau allemand présentant peu de difficultés grammaticales; 5° deux problèmes de géométrie ou d'arithmétique, ou une question de théorie. L'usage des dictionnaires et des grammaires est interdit pour les quatre langues[1]. Les notes sont graduées ainsi qu'il suit : *non satisfaisant, satisfaisant, bien, excellent*. La première note, méritée pour l'ensemble ou pour la plus grande partie des compositions, exclut le candidat de l'épreuve orale, à moins que l'examen de ses travaux antérieurs, de ses notes de passage en *première*, et des *censures* (ou bulletins) qu'il a obtenues au gymnase, ne vienne suppléer à l'insuffisance des épreuves finales.

L'examen oral est fait par les membres de la commission en présence de tous les professeurs du gymnase et des membres de l'administration scolaire locale invités spécialement par le directeur. Douze candidats sont interrogés chaque jour; pour chaque faculté l'examen appartient au professeur qui l'enseigne dans la *prima*. On recommande aux juges de laisser aux candidats toute leur liberté d'esprit et de ne pas

---

opération, s'il n'a faict changer la façon et la forme de ce qu'on luy avait donné à cuire. »

1. Temps accordé : *composition allemande*, 5 heures; *composition latine*, 5 heures; *extemporale latin*, 2 heures; *exercice grec*, 2 heures; *thème français*, 3 heures; *mathématiques*, 5 heures. Les compositions ne doivent pas dépasser la semaine, y compris les traductions d'hébreu en allemand pour les étudiants en théologie et en philologie.

presser les réponses. L'examen comprend le latin, le grec, les mathématiques, l'histoire, la religion, et en outre l'hébreu pour les futurs étudiants en théologie et en philologie. Il n'y a pas d'épreuve orale sur la langue et la littérature allemandes, sur la propédeutique philosophique, sur le français et l'histoire naturelle. En latin et en grec, l'explication doit porter sur des prosateurs non encore étudiés en classe et sur des poètes déjà lus et commentés, mais avant le dernier semestre. Du reste, on se renferme toujours pour le grec dans des auteurs faciles : Homère, Hérodote, Xénophon (*Cyropédie* et *Anabase*), et les dialogues les plus courts et les plus simples de Platon. Il faut prouver, à propos de la poésie latine, une connaissance suffisante de la prosodie et de la métrique, et répondre à des questions sur la mythologie et les antiquités. Quant aux programmes d'histoire et de géographie, de mathématiques et de religion, ils sont rigoureusement renfermés dans les limites de l'enseignement du gymnase.

Pour encourager les aptitudes spéciales, le candidat qui a satisfait en allemand et en latin et qui se montre supérieur dans une des langues anciennes ou en mathématiques, peut obtenir le diplôme, malgré sa faiblesse dans les autres facultés. Un élève qui, par ses compositions et par les notes qu'il a obtenues dans ses études, prouvera une grande supériorité, peut être dispensé de l'examen oral.

Les garanties que nous avons énumérées ne sont pas les seules. Pour chaque composition, plusieurs sujets sont soumis par le directeur et les professeurs au *Commissaire royal*, président de la commission d'examen. C'est à lui qu'appartient le choix. Il peut se réserver la dictée de l'*extemporale* latin, de l'exercice grec, et faire traduire de nouveau devant lui les deux morceaux le jour de l'examen. C'est lui qui dirige cet examen ; il est libre de choisir les textes des auteurs, et, s'il suspecte l'indulgence de quelques membres de la commission, de poser lui-même les questions.

Le candidat qui n'a pas obtenu le certificat de maturité

ne peut tenter qu'une seconde fois l'épreuve de l'examen et devant la même commission. Quant aux jeunes gens qui, par exception, ont été admis à l'Université sans présenter de certificat, ils peuvent, plus tard, avec l'autorisation du Ministre, subir l'examen, mais *deux fois* seulement, et en déclarant qu'ils n'aspirent ni aux carrières publiques ni à l'Église.

Messieurs, je l'ai annoncé déjà, cette organisation si précise et si sage de l'examen de sortie n'est point particulière à la Prusse. On la retrouve, avec quelques différences de détail, en Bavière, en Saxe, dans le Wurtemberg, en Autriche-Hongrie, dans tous les cantons de la Suisse. Si le système établi en Hollande s'écarte de celui-là, les examens des *candidats ès lettres* y sont aussi entourés de sérieuses garanties.

En est-il de même de notre baccalauréat ès lettres? est-il une sanction véritable des études? Une courte comparaison entre les règlements de l'Allemagne et les nôtres rendra la réponse facile.

En Allemagne et dans tous les pays que nous venons d'énumérer, le candidat doit justifier de cours régulièrement suivis au moins dans les quatre dernières années d'études d'un gymnase. En France, tout certificat semblable a été aboli : rien ne protège les jeunes gens et leurs familles contre les pièges d'une préparation hâtive ; et l'État, dont les diplômes confèrent des droits à ces tristes bacheliers, est désarmé contre ces abus. En Allemagne, la nécessité d'avoir parcouru toutes les classes du gymnase fixe à dix-huit ans l'âge moyen des candidats; en France, la limite a été abaissée jusqu'à seize ans[1]; nouvelle prime offerte à la spéculation des préparateurs et à la hâte imprudente des familles; nouveau danger pour les jeunes gens, qui peuvent, à seize ans, devenir étudiants en droit ou en médecine, ou entrer, à dix-sept ans, dans les écoles spéciales, sans y apporter ni le développement nécessaire des forces physiques, ni la maturité de l'esprit, ni celle du caractère.

1. Depuis l'établissement du baccalauréat scindé, le *minimum* d'âge étant seize ans pour la première partie de l'examen, le terme des études classiques se trouve reculé jusqu'à dix-sept ans.

En Allemagne, l'aspirant ne peut échapper à ses juges naturels : il subit ses épreuves devant une commission de professeurs qui l'ont suivi et qui le connaissent ; précieux **avantage pour le jeune** homme honnête, laborieux, instruit, juste sujet de terreur pour le paresseux et **l'ignorant**. En France, on choisit librement ses juges, et telle Faculté qui passe pour indulgente voit arriver devant elle, à chaque session, un nombreux contingent d'incapables, produit tout frais de l'industrie des préparateurs.

En Allemagne, deux épreuves seulement sont permises ; en France, le candidat malheureux se présente de session en session, avec l'espoir de fléchir enfin par sa persévérance la sévérité de ses juges et les rigueurs de la fortune.

En Allemagne, tout est calculé pour combattre ces chances qui démoralisent la jeunesse et, par suite, la société. Les compositions, assez nombreuses pour éloigner l'ignorance, ne dépassent jamais la portée des études secondaires ; les auteurs à expliquer sont plutôt au-dessous qu'au-dessus de la *prima ;* les interrogations d'histoire, de géographie, de mathématiques, de religion, ne sortent pas du programme élémentaire des études des gymnases. Comme l'a dit M. Eugène Rendu : « Les habitudes scolaires, l'expérience technique des professeurs ne leur permettent pas d'altérer le caractère de l'examen ni de poser des questions inspirées par des préoccupations étrangères aux études des candidats. » En outre, le jeune homme, devant des juges dont il est connu, est moins troublé par l'inquiétude et par la crainte ; une nouvelle méthode d'interrogation ne vient pas encore le déconcerter ; enfin, les notes de sa vie scolaire, les travaux de ses deux dernières années achèvent de le prémunir contre un échec immérité. Quel ensemble de sages et bienveillantes mesures ! En France, tout semble calculé pour favoriser l'esprit d'aventure : les compositions ne représentent pas tout le programme du lycée ; d'ailleurs, dans certaines Facultés des lettres et des sciences, les sujets s'écartent quelquefois par leur nature de l'enseignement scolaire ; les versions, de force très inégale, quelquefois mal coupées, quelquefois trop longues, sont un nouvel appoint pour la chance. Plusieurs auteurs grecs sont trop difficiles, et cette difficulté même profite à l'ignorance, car les professeurs sont forcés à l'indulgence, et l'élève se tire d'affaire en **balbutiant** quelques mots. De l'avis des juges **compétents**, les programmes de sciences **mathématiques** et de sciences physiques sont beaucoup **trop chargés**; ceux d'histoire, trop étendus aussi pour **certaines** parties, offrent d'étranges lacunes. Sans **doute**, les hommes spéciaux sont habituellement prémunis par la bienveillance de leur caractère contre le danger de questions trop élevées ou trop savantes; mais il leur est difficile d'y échapper toujours sans tomber dans un péril opposé, l'excès d'indulgence. Enfin, rien ne protège les candidats et les juges contre tant d'échecs regrettables dont on se transmet l'histoire. De là cette croyance si générale et si funeste que le baccalauréat est une loterie, et qu'à force de tenter la fortune on amènera peut-être un bon numéro.

Messieurs, j'ai indiqué sincèrement les maux et les remèdes; c'est à vous qu'il appartient de tirer les conséquences. Je crois, pour ma part, que, sans porter atteinte au principe de la liberté d'enseignement, une réforme du baccalauréat est possible; je crois aussi qu'elle est urgente et qu'il y va des plus chers intérêts, non seulement de notre enseignement secondaire et de notre enseignement supérieur, mais de la société tout entière. Il faut que les jeunes gens ne prennent pas dès l'enfance la funeste habitude de faire un choix parmi leurs devoirs, de se dérober au cours régulier des études, de se contenter d'un savoir superficiel et de rencontre, qui ne survit pas au jour de l'examen, armes impuissantes et misérables, *quæ neque tegunt, neque vulnerant;* il faut qu'ils sortent du collège instruits, consciencieux, honnêtes, habitués à ne pas compter sur les faveurs du hasard, à n'attendre le succès que de leur travail et de leur conduite[1].

1. Nous avons déjà indiqué et discuté, page 12, la réforme qui a divisé en deux parties le baccalauréat ès lettres. Nous ajoutons, à la fin de ce Mémoire,

IX. Quelques mots sur les internats et sur le système des peines et des récompenses. Compositions hebdomadaires des lycées. Concours généraux. Conclusions. — J'arrête ici, Messieurs, cette étude déjà si longue. Et pourtant que de renseignements curieux j'aurais voulu vous donner encore sur le régime disciplinaire de l'Allemagne ! Que ne puis-je vous parler de ces *patronats* qui remplacent si heureusement dans la plupart des villes nos grands lycées d'internes, et de ces rares internats (*alumnats*, *orphelinats*, *séminaires*) dont la surveillance est confiée à tour de rôle aux professeurs, ce qui donne à leur influence un caractère plus intime et plus paternel, et ce qui tranche si bien la difficile question des maîtres d'étude. Là, sans compter la gymnastique, nous trouvons régulièrement établis de longues et instructives promenades, des exercices de jardinage. Pendant la mauvaise saison, des tâches manuelles viennent encore faire une utile diversion aux travaux de l'esprit. Que ne puis-je enfin vous donner quelques détails sur le système si simple et si viril des punitions et des encouragements, en le comparant à notre luxe de peines et de récompenses ! Nos compositions hebdomadaires, avec leurs classements réguliers, ont pour effet d'exciter outre mesure la vanité des premiers élèves ; elles courbent les plus faibles sous le poids de continuelles humiliations qui souvent brisent les ressorts de leur âme et les condamnent, par la défiance d'eux-mêmes, à une incurable incapacité[1]. Que dire de tant de prix et de nominations prodigués à des mérites quelquefois bien minces ? Que dire enfin de ces concours généraux dont j'ai déjà signalé plusieurs fois l'influence, et dont l'importance excessive, signalée depuis longtemps, me semble, quoi qu'on en ait dit, beaucoup plus funeste qu'utile ? Ils amènent fatalement la

quelques observations sur les inconvénients actuels de cet examen et sur les améliorations possibles encore (voy. APPENDICE, II, page 61).

1. Voyez à la fin du Mémoire des observations à l'appui de ces jugements qui se fondent sur notre longue expérience d'élève et de professeur. (APPENDICE, IV, page 77.)

prédominance des devoirs écrits sur les exercices oraux.
Ils entretiennent pour l'histoire le système des leçons érudites et des longues rédactions. Ils entraînent les maîtres
à forcer la mesure dans leur enseignement et dans le choix
des devoirs, à négliger les facultés qui n'ont point de place
aux concours, à consacrer, surtout dans les derniers mois,
la meilleure partie de leurs soins aux quelques champions
de la lutte prochaine, tandis que le travail du reste des
élèves s'arrête, pour ne plus reprendre jusqu'aux vacances.
Ils compromettent la santé des enfants laborieux et ardents
par une préparation fiévreuse qui excède leurs forces. Ils
produisent la triste habitude des redoublements, en vue du
succès de l'élève et de l'établissement. Ils entretiennent entre
des écoles voisines un esprit de rivalité regrettable : je voudrais bannir de la langue de nos lycées ces mots de *camps
rivaux*, de *drapeaux ennemis!* Enfin et surtout l'extrême
inégalité de la lutte entre des collèges d'importances si différentes blesse tous nos sentiments de justice et d'équité.
Qu'on règlemente et qu'on réduise ces joutes retentissantes,
si faibles souvent dans leurs résultats, malgré l'éclat des couronnes et l'importance durable des récompenses ! cette
réforme, comme celle du baccalauréat, sera morale et salutaire[1]. M. le Ministre, j'ose le croire, est disposé à entrer
dans cette voie. Quand ce Mémoire n'aurait pour effet que
d'apporter à la rénovation qu'il a entreprise l'humble concours d'études consciencieuses et d'une longue expérience
professionnelle, je serais assez récompensé de mon travail.

1. Nous savons que ces lignes provoqueront aujourd'hui, comme en 1872, des
réclamations dont nous reconnaissons d'avance la parfaite loyauté. Nous
tâchons, à la fin de ce Mémoire, de défendre notre opinion. (Voy. APPENDICE,
IV, page 77.)

# APPENDICE

---



I. Rapport lu au Conseil académique de Paris (session de juin 1872) sur la situation morale et scolaire des cinq lycées de Paris, du lycée de Vanves et du collège Rollin.

Messieurs, après les désastreux évènements qui ont rempli l'année classique 1870-71, vous n'attendez pas de votre Commission un rapport pleinement favorable sur la situation actuelle de nos cinq lycées de Paris, du lycée de Vanves et du collège municipal Rollin. De tout temps, les malheurs publics ont porté une funeste atteinte à la prospérité des écoles ; mais la crise que nous venons de traverser a dépassé en longueur et en gravité toutes les précédentes, et elle a frappé d'une façon bien plus sensible et plus directe nos établissements d'enseignement secondaire. Sans énumérer encore toutes ces catastrophes, dont M. le vice-recteur, dans son exposé si complet, a tracé avec force le douloureux tableau, nous voulons seulement en tirer cette conclusion que le souvenir du passé est nécessaire à une équitable appréciation du présent. Que l'on tienne compte de tant de causes d'affaiblissement pour les études, de diminution dans le nombre des élèves : alors on s'étonnera seulement d'une chose, c'est que la population actuelle de nos lycées et collèges ne s'éloigne pas davantage des chiffres de 1870 ; que les classes tendent si rapidement à se rapprocher de leur ancien niveau ; et enfin que des innovations introduites au milieu de telles circonstances aient eu si peu de peine à se faire accepter.

*Etat religieux, moral et disciplinaire.* — Nous n'avons pas à vous entretenir de la situation numérique : M. le vice recteur vous a donné le tableau comparatif de cette situation en juin 1870 et en juin 1872; il a précisé tous les chiffres et déterminé tous les éléments de la réduction. Il y a là sans doute, surtout pour l'internat, une souffrance dont les évènements sont responsables; mais on peut affirmer que l'état religieux, moral et disciplinaire de nos lycées et collèges n'a point ressenti le contre-coup de nos agitations et de nos malheurs. L'influence de nos aumôniers si distingués et si pleins de zèle est plus grande et plus respectée que jamais; l'accord est parfait entre eux et l'administration. Tous les maîtres, mais surtout ceux dont l'enseignement touche de plus près à la religion et à la morale, comprennent de plus en plus la nécessité de cette cordiale entente. S'il importe, en effet, de fortifier quelques points de nos études, nous avons besoin plus encore de faire des hommes religieux, moraux, armés de principes solides, formés pour tous les devoirs de la vie. Ce n'est pas en un jour ni même en une année qu'on transforme une génération longtemps soumise à une discipline un peu molle. Disons cependant que des progrès ont été accomplis déjà : aucune exclusion n'a été prononcée, pendant ces huit mois de l'année classique, pour des faits graves d'insubordination ou d'inconduite. A peine quelques élèves isolés ont été rendus à leurs familles...

Que l'on marche résolument dans cette voie, qu'on revienne aux anciennes traditions de rigueur et d'uniformité dans la règle, de mesure dans les sorties, aujourd'hui trop faciles et trop peu surveillées, et l'on aura fait beaucoup pour la moralité des élèves comme pour leur travail et leurs progrès.

*État scolaire.* — De nos réserves il ne faudrait pas cependant conclure que la situation scolaire laisse beaucoup à désirer. Les témoignages de la dernière inspection générale sont plutôt favorables que contraires : il faut reconnaître que les efforts de nos professeurs, chez lesquels le dévouement n'est pas plus rare que le talent, ont fait beaucoup pour réparer les brèches de la dernière année, et il est permis de croire que les concours et les examens qui se préparent ne donneront pas des résultats trop inférieurs à ceux des années précédentes.

*Concours de 1871.* — On sait qu'en 1871 il n'y a eu ni concours général entre les lycées et collèges de Paris et de Versailles, ni concours d'admission aux Écoles normale et militaire. Mais les Écoles polytechnique, centrale, forestière et navale ont ouvert leurs portes à une nouvelle promotion d'élèves ; et nos lycées et collèges, malgré toutes les souffrances qu'ils avaient traversées, ont su maintenir honorablement leur rang sur les listes. En 1870, les cinq lycées de Paris et le collège Rollin présentaient à l'École polytechnique 245 candidats, sur lesquels 55 étaient reçus ; en 1871 le chiffre des admissions a été de 46 sur 134 : la proportion est tout à l'avantage de cette dernière année. Dans cette liste de 46 je trouve beaucoup de bons numéros, notamment le 2$^{me}$, le 3$^{me}$, le 6$^{me}$, le 7$^{me}$, le 9$^{me}$ et le 10$^{me}$...

*École centrale.* — Deux lycées, Saint-Louis et Charlemagne, ont, pour ainsi dire, la spécialité de la préparation à l'École centrale : le premier a fait recevoir 16 de ses élèves sur 21, le second 18 sur 24. L'unique candidat du lycée Descartes[1] a été admis ; il en est de même des *trois*

---

1. Aujourd'hui lycée Louis-le-Grand.

du lycée Condorcet [1]. C'est en somme un succès très complet.

*Écoles forestière, navale.* — Quelques élèves à peine se présentaient à l'École forestière ; un seul a été admis. Quant au concours de l'École navale, on a déjà remarqué que tous les ans le contingent de Paris est peu nombreux et médiocre. La plupart des candidats sérieux vont se préparer dans un de nos ports de mer.

*Baccalauréats.* — Les deux dernières sessions du baccalauréat ès lettres et du baccalauréat ès sciences n'ont pas donné de résultats défavorables. Sur 195 candidats au baccalauréat ès lettres, 121, c'est-à-dire près des deux tiers, ont été admis. La proportion est à peu près la même pour le baccalauréat ès sciences : sur 128 on compte 70 admissions. Ce chiffre égale pour les lettres celui de l'année 1869-70 (234 admis sur 349), et il le dépasse sensiblement pour les sciences (160 admis sur 332). Quant à la force moyenne des épreuves, il est à croire qu'elle ne s'est pas élevée ; les causes de cette médiocrité presque universelle ont été souvent indiquées par MM. les doyens. Parmi tant de réformes qu'on propose, celle du baccalauréat est une des plus nécessaires. Tel qu'il est aujourd'hui, cet examen n'est pas une véritable sanction des études classiques, il a plutôt pour effet leur affaiblissement et, sur quelques points, leur abandon. Un rapide examen des classes nous permettra de le constater.

*Mathématiques spéciales.* — Les classes de mathématiques spéciales se rapprochent sensiblement par le nombre de leurs élèves des chiffres de juin 1870 : le total est de 269, c'est une diminution de 29. Saint-Louis est en tête avec 100 élèves, Condorcet en compte 45, Charlemagne 43, Rollin 40, Descartes 28 et Corneille [2] 13... Partout les cours sont faits

1. Aujourd'hui lycée Fontanes.
2. Aujourd'hui lycée Henri IV.

avec une grande distinction, et le travail, excité par la perspective d'un but prochain, est plus soutenu que dans les autres classes.

*Mathématiques élémentaires.* — Les mathématiques élémentaires ont un chiffre total de 496 élèves; c'est 84 de moins qu'en 1870. L'enseignement est bon ; mais le nombre des élèves paresseux et faibles est plus considérable qu'en mathématiques spéciales.

*Sciences physiques.* — La direction des cours de sciences physiques et naturelles est très satisfaisante, et le matériel des lycées suffit aux besoins de l'enseignement.

*Sciences annexées aux lettres.* — Quant aux cours de sciences annexés aux classes de lettres, l'inspection reconnaît qu'ils produisent quelques fruits en quatrième, en troisième et même en seconde. A partir de la rhétorique, les élèves, trop absorbés sans doute par les autres études, se montrent souvent rebelles à celle-là. Nous croyons aussi que les programmes sont trop chargés : le professeur, forcé d'aller vite, n'a pas le temps de s'arrêter, de s'assurer que ses élèves, jeunes et novices, ont pu le suivre jusqu'au bout, de revenir au besoin sur ses pas. Beaucoup d'enfants se découragent et restent sur la route.

Avant de quitter l'enseignement des sciences, disons que les *Cours spéciaux*, établis au lycée Charlemagne, se maintiennent avec 108 élèves (27 de moins qu'en 1870). Dirigés par d'habiles professeurs, ils continuent à rendre de bons services à la population de ce quartier, et à être, comme on l'a dit, des pépinières de l'École centrale.

*Philosophie.* — Les classes de philosophie, désertées entre 1850 et 1864, ont repris, depuis cette dernière époque, grâce à une haute impulsion, leur ancienne et légitime importance. Elles comptent aujourd'hui 199 élèves (14 de moins qu'en 1870). Trop souvent encore la préparation du baccalauréat fait délaisser ces belles études qui, bien dirigées, donnent à l'esprit tant de force et de souplesse et assurent à l'âme, de concert avec l'enseignement religieux, l'appui de nobles croyances et de solides principes. Grâce à Dieu, dans nos lycées, l'enseignement de la philosophie est fidèle aux traditions de Platon, de Descartes, de Bossuet, de Fénelon, de Leibniz. Il est hautement et fermement spiritualiste ; il n'a rien de commun avec ces doctrines prétendues nouvelles dont le triomphe étoufferait dans l'homme tous les sentiments généreux, toutes les vertus sociales, et aboutirait au retour de la barbarie. Sur ces questions capitales tous nos professeurs sont d'accord, et ils ont trouvé dans plusieurs jeunes maîtres, que nos lycées viennent de recruter, d'habiles et ardents auxiliaires.

*Classes supérieures.* — Nos classes de rhétorique ont conservé, en général, un nombreux auditoire. Bien qu'on y sente, plus qu'en philosophie, les lacunes de l'année dernière, il faut avouer que chez les premiers élèves le niveau s'est facilement rétabli ; même en discours et en vers latins les compositions distinguées ne sont pas rares. On peut en dire autant des classes de seconde et de troisième. Mais ajoutons que ce sont là de brillantes exceptions. Beaucoup trop d'élèves sont médiocres ou faibles et suivent leur classe sans intérêt et sans ardeur. Le mal n'est pas nouveau ; les rapports des années précédentes l'ont déjà constaté. Parmi les causes qui l'entretiennent, nous ne craignons pas de signaler avant tout la pensée du baccalauréat. En vain les professeurs combattent énergiquement cette tendance ; même quand ils parviennent à détourner les jeunes gens d'une préparation hâtive, ils n'empêchent pas cette préoccupation d'envahir les esprits. De la rhétorique cette influence a gagné jusqu'aux classes de seconde et de troisième : dès cette époque on s'habitue à faire un choix parmi les devoirs, à se désintéresser de ceux qui n'ont point leur place marquée dans le programme, et à négliger certains exercices qui ne profitent à l'esprit qu'à la condition d'être acceptés avec plaisir et pratiqués avec goût. C'est là une de ces questions dont nous indiquions plus haut l'importance; elle mérite la sérieuse attention des hommes et des Conseils qui ont le devoir de veiller sur l'avenir de nos études.

*Classes de grammaire.* — On avait craint pour les classes de grammaire un autre danger. L'extension donnée par de récentes et utiles réformes à l'enseignement des langues vivantes et de la géographie n'aurait-elle pas pour effet d'affaiblir l'enseignement classique? La réduction des heures de classe, du nombre et des proportions des devoirs ne serait-elle pas funeste? L'expérience des huit derniers mois n'a pas justifié ces inquiétudes. Les professeurs ont dû, sans doute, supprimer certaines tâches qui exerçaient la main plutôt que l'intelligence; ils ont dû restreindre la durée des corrections, il faut qu'ils se bornent à la discussion étendue et complète de trois ou quatre devoirs, et qu'ils s'imposent la tâche de parcourir chez eux une partie des autres. Mais cette méthode a toujours été celle des bons maîtres : la correction trop prolongée lasse et rebute l'attention des élèves. Le temps gagné de ce côté profite à l'explication des auteurs, et l'activité plus grande de tous, écoliers et maîtres, stimule le travail et hâte les progrès.

*Classes élémentaires.* — On peut affirmer que les classes élémentaires n'ont pas souffert davantage de la place faite aux langues vivantes. La mobilité de l'enfance s'accommode facilement de la variété des études, surtout quand ces études se touchent par tant de points et s'adressent particulièrement à la mémoire. Si la nouvelle distribution du temps a réduit le nombre des devoirs écrits, dictées, conjugaisons de verbes, analyses, corrigés, et accru l'importance des interrogations et des exercices au tableau, il faut s'en réjouir. Nous avons vu cette méthode d'enseignement oral pratiquée heureusement dans plusieurs lycées et collèges. Le lycée de Vanves, qui a précédé dans cette voie tous les autres, qui a pu même, dans toutes ses classes, attribuer cinq heures par semaine à l'enseignement des langues vivantes[1], n'a certes pas compromis par là le succès des études classiques. A tous les degrés, dans toutes les branches, l'enseignement y prospère ; nulle part les non-valeurs ne sont plus rares.

Cette extension de l'étude des langues modernes, si impérieusement commandée par l'opinion publique et par les besoins de notre temps, est un des principaux évènements de l'année classique. Partout la réforme introduite par M. le Ministre[2] a été accueillie avec faveur par les élèves, appliquée avec zèle par l'administration et par les maîtres, dirigée utilement par des inspections spéciales ; partout le travail est actif et le progrès satisfaisant. Sans doute, le dernier mot n'est pas dit sur la question : il reste à établir l'unité de méthode, mais de la comparaison des procédés naîtra la lumière. Laissons l'épreuve se poursuivre : moins elle aura été précipitée, plus elle aura été libre, plus il sera facile de fixer un plan, plus l'édifice à construire sera solide et durable.

Une autre mesure, dont l'urgence n'était pas plus contestable, c'était de relever l'importance des études géographiques[3]. Dans toutes les classes, il leur a été assuré à côté de l'histoire une place spéciale et indépendante. C'est un des points sur lesquels devait se porter tout particulièrement la surveillance de la dernière inspection. En général, MM. les inspecteurs ont été satisfaits de ce qu'ils ont vu : l'enseignement est régulier et consciencieux ; certains professeurs, surtout parmi les jeunes, y apportent une ardeur qui en accroît l'intérêt. Des cartes sont demandées aux élèves, on ne néglige pas non plus le contrôle des interrogations et du tracé au tableau ; mais le temps manque trop souvent pour ces derniers exercices. Nous devons répéter, au sujet de la

1. Malheureusement ce nombre d'heures a été réduit.
2. Voyez les circulaires de M. Jules Simon (10 octobre et 13 décembre 1871).
3. Voyez les circulaires de M. Jules Simon (10 octobre et 13 décembre 1871).

géographie et de l'histoire, ce que nous disions plus haut à propos des sciences : les programmes sont trop chargés, le développement du cours absorbe la meilleure partie de chaque classe, à peine en se hâtant le professeur peut-il arriver en juillet au terme de sa tâche. Il en résulte que les élèves rédigent beaucoup, mais qu'ils apprennent peu. Les compositions sont presque l'unique moyen de contrôle, et elles ne reviennent qu'à de longs intervalles. Pour les préparer, les sujets d'élite s'imposent un lourd surcroît de travail qui rebute la paresse du grand nombre. De là quelques devoirs excellents, beaucoup de copies insignifiantes et nulles, et, comme résultat dernier pour les trois quarts des élèves, un mince bagage de connaissances historiques. Ici encore le programme du baccalauréat favorise singulièrement la paresse, puisqu'il ne fait aucune place à l'histoire ancienne, ni même, dans l'histoire moderne, à tout ce qui précède Louis XIV [1].

Avant de terminer ce trop long rapport, nous rappellerons seulement, Messieurs, les réformes si heureusement accomplies par M. le Ministre dans l'éducation physique [2]. Ici encore M. le vice-recteur a tout dit : il vous a fait connaître la forte impulsion donnée partout aux exercices gymnastiques et militaires, il vous a décrit l'ardeur de nos jeunes gens pour ces manœuvres qui conviennent si bien à leurs vives natures, il vous a raconté leurs rapides progrès qui étonnent de vieux militaires. Enfin, il vous l'a dit encore avec autorité, ces réformes ne répondent pas seulement à une impérieuse nécessité de notre temps, elles sont d'accord avec les lois mêmes de l'éducation. Favoriser le développement du corps, c'est aider l'essor des facultés de l'intelligence, c'est prépa-

1. Les règlements de 1874 fixent à la mort de Henri IV le commencement du programme et les élèves peuvent être interrogés sur les principaux faits de l'histoire de France antérieure à cette époque.

2. Voyez la circulaire de M. Jules Simon, sur l'enseignement de la gymnastique (2 novembre 1871), et sur l'introduction des exercices militaires dans les établissements d'instruction (13 décembre 1871).

rer un équilibre trop rare, hélas ! chez les générations d'aujourd'hui, c'est même prémunir la moralité des jeunes gens contre plus d'un danger redoutable : la santé de l'âme, comme celle de l'esprit, tient par des liens étroits à la santé du corps.

Tel est, Messieurs, le tableau de la situation présente des lycées de Paris, du lycée de Vanves, et du collège Rollin. Nous nous sommes efforcé, en le traçant, de rester aussi loin d'un optimisme complaisant que d'un excès de rigueur. Nous n'avons à y ajouter qu'un certain nombre de vœux qui en sont la conclusion naturelle. C'est d'abord qu'une prompte révision des programmes réduise l'étendue des cours et fasse une large place aux exercices oraux. C'est ensuite qu'un examen sérieux contrôle annuellement le passage des élèves dans une division supérieure, et débarrasse nos classes des non-valeurs qui les encombrent. C'est que l'effectif de chaque division soit rigoureusement limité, surtout dans les classes inférieures. C'est enfin que les professeurs soient de plus en plus invités à maintenir dans de sages proportions la tâche qu'ils imposent à leurs élèves, et à faire la part des enseignements voisins du leur. Si à ces mesures, dont plusieurs sont en bonne voie d'exécution, se joignait une réforme des examens du baccalauréat, on verrait disparaître bien des causes de stagnation et de souffrance. Nous produirions toujours les sujets brillants qui font l'éclat de nos grands concours ; ce qui vaut encore mieux, nous donnerions chaque année au pays un contingent plus nombreux de jeunes gens instruits, honnêtes, habitués à ne pas choisir parmi leurs devoirs, à ne pas compter sur les faveurs du hasard, à n'attendre le succès que de leur travail et de leur conduite.

## II. Le baccalauréat. Conditions actuelles. Réformes et améliorations possibles.

Nous avons mentionné plus haut la séparation de l'examen du baccalauréat en deux parties : c'est la seule réforme importante accomplie depuis 1872. Les résultats en ont été contestés; nous croyons cependant, comme nous l'avons dit, que les avantages l'emportent sur les inconvénients. On pourrait toutefois rêver une réforme plus complète : ce que les jeunes gens appellent « la chance » devrait disparaître absolument de cet examen qui ouvre toutes les carrières publiques. Il faudrait que les maîtres et les familles n'eussent plus à déplorer les échecs, trop fréquents chaque année, de jeunes gens laborieux qui ont tenu les premiers rangs dans leurs classes et dont les noms figurent pour toutes les facultés dans les *palmarès* de leur lycée, tandis que des candidats hâtivement préparés dans ces établissements qu'on appelle « fours ou boîtes à baccalauréat » obtiennent le diplôme. Hélas ! sous notre régime d'absolue liberté d'enseignement, le système si sage et si tutélaire de l'Allemagne ne saurait être appliqué. Tout certificat d'études a été aboli, la provenance des élèves doit être ignorée des jurys d'examen; il est donc impossible de corriger par le témoignage des bonnes notes et des succès de la dernière année d'études les mauvaises chances de l'examen, de dispenser même d'une partie des épreuves les jeunes gens notoirement supérieurs. Reste l'amélioration des programmes.

On sait que, pour la première partie de l'examen, les épreuves écrites se composent d'un devoir latin et d'une version latine. Il est regrettable que les études françaises n'y soient pas représentées; de là vient en grande partie l'effrayant déclin de la composition en français dans presque tous les lycées de province. Comme elle n'a pas de sanction à l'examen, les élèves s'en désintéressent facilement, et plus d'un maître est amené à réduire, surtout dans le dernier trimestre, le nombre de ces exercices qui devraient cependant, par leur importance, occuper le premier rang. Nous avons proposé plus d'une fois, à la suite de nos inspections, que le programme fût modifié et que le Conseil de l'instruction publique rétablît l'usage de tirer au sort entre une composition française et une composition latine. Nous donnerions encore la préférence à une autre réforme plus complète. La composition française serait introduite régulièrement comme véritable critérium des études des jeunes gens, du développement de leurs facultés littéraires et de cette habitude de réunir des idées, de les mettre en ordre, de les exprimer, qui doit être le fruit de la classe de rhétorique. La composition latine serait ou supprimée ou, comme en Allemagne, réduite à un court développement qui permettrait d'apprécier les connaissances grammaticales du candidat. En réalité aujourd'hui, quelles que soient l'étendue et la difficulté des sujets, elle n'est pas autre chose, et MM. les doyens des diverses Facultés s'accordent à dire que ces qualités modestes, la correction, une suite raisonnable d'idées, font souvent défaut.

Si l'on maintient l'unique composition latine, telle qu'elle existe aujourd'hui, il faudrait au moins que les sujets proposés par les Facultés des lettres fussent en moins grand désaccord avec les matières que donnent nos professeurs de lycée. Dans nos classes de rhétorique, l'histoire fournit habituellement le texte de la composition; des arguments habilement disposés guident la marche des élèves et leur indiquent le ton du sujet. Nous croyons que cette méthode a ses avantages, surtout en latin, où le jeune homme a plus besoin d'être soutenu. Mais que lui arrive-t-il quand il se présente à l'épreuve écrite du baccalauréat? Je ne parle ici que de la Faculté de Paris, la seule dont les sujets, pour 1870 et les années précédentes, soient entre mes mains. Presque toujours on lui donne une simple indication, comme celles-ci : *Alexandri ad Darium epistola, qua pacem ab hoc oblatam spernit. — Corbulonis ad amicos epistola ne civile bellum inchoent. — Demonax ad Athenienses ne gladiatorios ludos admittant. — Oratio Vercingetorigis in Alesia a Romanis circumdati et eruptionem facturi, suos alloquentis.* Il faut donc que le candidat réfléchisse à son sujet, qu'il se rappelle les circonstances historiques, qu'il réunisse les idées principales, qu'il se fasse à lui-même un argument, puis qu'il écrive son discours, qu'il le relise, qu'il le recopie, le tout dans l'espace de quatre heures. On avouera que pour une tâche aussi compliquée le temps est court. Ce ne sont pas les candidats improvisés, fruit hâtif de l'industrie des préparateurs, qui souffrent de ce système; ceux-là savent bien que deux pages de latin à peu près correct, avec une suite d'idées acceptables, suffiront à les faire recevoir. Mais les vrais rhétoriciens, qui, au lycée, consacrent six à sept heures à leurs discours et ne remettent à leurs professeurs qu'un travail proportionné et consciencieux, qui, au concours général, n'ont pas moins de neuf heures pour les compositions en discours latin, en discours français, en vers latins, en histoire, sont déconcertés en présence d'une épreuve si nouvelle. Ils ne se résignent pas facilement à donner une misérable ébauche ; leurs habitudes laborieuses tournent à leur désavantage. Disons-le bien vite, les juges devinent facilement, même dans ces compositions forcément improvisées et incomplètes, l'élève qui sait manier le latin. Mais il n'est pas étonnant qu'ils rencontrent peu de devoirs distingués. Dans ces conditions l'examen n'est pas un contrôle véritable des études.

Que sera-ce donc, si, au lieu d'un sujet connu, historique, comme ceux que nous avons cités, on leur a proposé un sujet littéraire ou philosophique? Or, dans ces dernières années, les sujets de cette nature ont été beaucoup plus nombreux que les sujets de véritable rhétorique. En voici qui semblent convenir plutôt à la licence qu'au baccalauréat : *Æneas et Turnus apud Virgilium comparantur. — Anti-*

*gones et Electræ in Sophocle personæ comparantur*[1].—*Scipio et Lælius, post colloquium cum M. Catone habitum de senectute, inter se juveniliter disceptant quid de præcipuis clarissimi viri consiliis sentiendum videatur.— Quibus variis carminum generibus usus sit Horatius, et qua parte præcipuam laudem meruerit exponendum. — Justus Lipsius exponit quam difficile sit supplementa libris Taciti deperditis componere.* En vérité, ce dernier sujet et quelques autres supposent des connaissances d'histoire littéraire qu'un élève de rhétorique ne peut encore posséder. Les sujets suivants seraient plus faciles, s'ils devaient être traités en français : *Fontanium cum Phædro et Æsopo conferetis. — Quæ sint præcipuæ in Fontanii fabulis personæ. — De funebri oratione apud christianos. — Athaliæ et Agrippinæ mores, ingenium et personæ apud Racinium comparentur.—Quænam præcepta tum regibus, tum populis dederit Bossuetius.* Mais quelle habitude du latin ne faut-il pas pour manier à son aise ces idées littéraires et pour renfermer dans le cadre de trois ou quatre pages une matière si étendue !

Voici quelques autres sujets qui supposent l'étude de la philosophie : *Socrates parens philosophiæ jure dici potest. — Zeno stoicus commendat auditoribus æquam mentem. — Cratippus philosophus Pompeiusque victus, post pharsalicam cladem, de fortunæ vicibus deorumque providentia disputant ; unus affirmat, alter negat a diis res humanas curari et regi.—Hanc Platonis sententiam excuties tum denique beatas fore res publicas, si aut docti aut sapientes homines eas regere cœperint.* On avouera que de telles questions ont peu de rapport avec celles qui, de tout temps, ont servi de texte aux compositions latines de rhétorique. —Mais, répondra-t-on, que les professeurs des lycées suivent la Faculté dans cette voie qu'elle leur indique ! — Et comment

---

1. Il faut remarquer en outre que les tragédies de Sophocle ne figurent pas dans le programme actuel du baccalauréat.

prépareront-ils leurs élèves au concours général ? Là les conditions sont tout autres : ce sont de longs arguments, ce sont des sujets historiques que l'on propose d'habitude aux jeunes gens. Comment concilier deux méthodes si différentes ?

L'épreuve de la version latine ne devrait pas effrayer les candidats qui ont suivi régulièrement les classes d'un lycée jusqu'à la rhétorique. Mais on se plaint, non sans quelque apparence de raison, de la grande inégalité qui existe entre les textes choisis. Il ne faudrait pas oublier que deux heures seulement sont accordées aux élèves pour prendre le devoir à la dictée, pour rechercher et fixer le sens du morceau, pour le traduire, pour transcrire cette traduction. Nous savons que, dans la pratique, beaucoup de professeurs déduisent des *deux heures* réglementaires le temps de la dictée, et ces deux heures suffisent à la rigueur pour donner une interprétation passable d'un récit de Justin, de Cornélius Népos, de César, et même d'un morceau de Cicéron, de Sénèque, de Pline le jeune, ou de Quintilien. Mais que de fois on propose aux jeunes gens un extrait de Lucain, de Silius Italicus, de Manilius, de Stace, de Claudien, et même d'auteurs modernes, tels que Boèce, Pétrarque, Vida, Vanière, Santeuil, Polignac ! Nous en avons sous les yeux une longue liste puisée dans les recueils de ces dernières années. Il faut remarquer, en outre, que ces morceaux se composent habituellement de 20 à 28 vers, que souvent aucun titre ne vient en aide à l'élève, et qu'il doit, par un effort d'intelligence parfois difficile, retrouver la suite des idées et les rattacher à d'autres qui les précèdent et qui les expliquent. Et après avoir compris, il faut traduire ! Combien de maîtres, en face du texte si mal établi de Manilius, de la langue si tourmentée de Silius, de Stace, de Claudien, demanderaient pour cette tâche cinq à six heures ! N'a-t-on pas raison, à l'étranger, d'écarter de l'épreuve du baccalauréat ces écrivains de décadence, obscurs, parce que leur langue n'est ni simple ni vraiment latine ? Que de sujets de versions fournissent les prosateurs et les poëtes de l'âge de Cicéron, du siècle d'Auguste, sans parler d'écrivains postérieurs, tels que Pline le jeune, Tacite, Quintilien! Depuis trente ans, dans les concours généraux, on a reconnu que les grands auteurs suffisent pour mettre à l'épreuve le savoir des jeunes gens, leur intelligence d'un texte, leur habileté comme traducteurs. On a renoncé au latin moderne, et même presque absolument au latin de décadence. Or, en rhétorique, pour la composition du concours général en version latine, sept heures sont accordées aux élèves. Si, dans les lycées, la durée de la composition hebdomadaire n'est que de deux ou trois heures, la longueur du texte ne dépasse pas quinze à dix-huit lignes ou vers. Dans ces conditions il est possible d'obtenir une intelligence satisfaisante du texte, et souvent une traduction exacte, précise, quelquefois ferme et pénétrante.

Lorsque le candidat est sorti victorieusement de ces deux épreuves écrites, il lui reste à subir l'épreuve orale, qui se décompose en six parties : explication d'un auteur grec, explication d'un auteur latin, explication d'un auteur français; interrogations sur les principales notions de rhétorique et de littérature classique; interrogations sur l'histoire; interrogations sur la géographie. Chacune de ces parties donne lieu à un suffrage, depuis *nul* représenté par 0 jusqu'à *très bien* représenté par 5 [1].

Les explications portent sur des textes prescrits dans les lycées pour la classe de rhétorique; toutefois, d'après l'article 8 du décret [2], l'examen, en ce qui touche les auteurs grecs, ne s'étend qu'à certaines parties de leurs œuvres, désignées tous les trois ans par un arrêté ministériel. Conformément à cet article, le programme de 1874 a été renouvelé en 1878. On n'a pas sensiblement augmenté la liste des ouvrages; on a même restreint aux neuf premiers chapitres l'étude de la *Poétique* d'Aristote qui d'abord comprenait

1. 0, nul; 1, mal; 2, passable; 3, assez bien; 4, bien; 5, très bien.
2. Décret du 25 juillet 1874, article 8.

aussi les chapitres XXIII, XXIV et XXVI; mais telle est la difficulté de cet ouvrage et l'incertitude d'un texte encore mal fixé, qu'on voudrait le voir réservé aux épreuves de la licence. On s'étonne encore plus de l'introduction d'un petit écrit de Denys d'Halicarnasse : *La première lettre à Ammæus.* Cet ouvrage renferme aussi des passages embarrassants et d'une interprétation très contestée; d'ailleurs il manque absolument d'intérêt : à peine la fixation de quelques dates, la citation de quelques passages d'auteurs grecs, lui donnent-ils pour les érudits une certaine valeur; ce n'est pas là que nos élèves apprendront à aimer la littérature grecque.

Les autres ouvrages grecs sont parfaitement choisis et ne dépassent point la force moyenne des rhétoriciens. Il en est de même des auteurs latins. Mais pour que les jeunes gens soient préparés à répondre sur tout Virgile, tout Horace, tout Tacite, sur les principaux discours et traités oratoires de Cicéron, sans parler du *Conciones*, des extraits de Lucrèce et de l'*Aululaire* de Plaute, il faudrait que l'explication prît dans nos classes la place que M. Jules Simon voulait lui donner, en restreignant celle de la récitation des leçons, de la dictée et de la correction des devoirs. Ce serait une excellente réforme; malheureusement, à Paris, elle ne sera pas possible tant que l'influence des concours généraux maintiendra la prédominance des compositions sur les exercices oraux. Nous demandons aussi comment on peut, en rhétorique, trouver du temps pour l'étude de tant d'ouvrages français inscrits sur ce programme : *Morceaux choisis des grands écrivains du XVI<sup>e</sup> siècle*, *Pensées* de Pascal, *Oraisons funèbres* de Bossuet, tout la Bruyère, *Lettre à l'Académie*, et *Sermon pour l'Epiphanie*, de Fénelon; *Morceaux choisis* et *Discours sur le style*, de Buffon; *Siècle de Louis XIV*, de Voltaire; *Art poétique*, de Boileau; *Fables* de la Fontaine; *Théâtre classique*, c'est-à-dire quatre tragédies de Corneille, trois de Racine, une comédie de Molière, et sans doute aussi la *Mérope* de Voltaire. C'est tout au plus si ce programme pourrait être parcouru dans les trois années de troisième, de seconde et de rhétorique.

Quant aux notions de rhétorique et de littérature classique et à l'étude de la langue et de la littérature françaises, l'instruction ministérielle du 7 juin 1875 les réduit sagement aux « principales notions de rhétorique et aux questions de littérature et d'histoire qui se rattachent à l'explication des auteurs ». On doit donc bannir de l'examen les préceptes minutieux et surannés qui surchargent les vieux traités de rhétorique, et, dans l'histoire littéraire, éviter les curiosités et l'érudition.

Le programme d'histoire est précis et nettement circonscrit. Si les juges restent dans la mesure de l'examen et ne demandent que les grands faits, tout élève qui n'a pas satisfait est inexcusable. Nous espérons que la « révision de l'histoire de France antérieure à 1610 » est prise au sérieux, et que les questions portent fréquemment sur cette partie du programme. Nous regrettons même que l'histoire grecque et l'histoire romaine n'y soient pas représentées au moins par leurs principales époques.

Le programme de géographie pêche peut-être par l'excès du développement. Sans doute, la connaissance de la géographie physique et des divisions politiques de notre pays rentre dans un plan complet d'éducation générale ; il est bon que les jeunes gens connaissent dès le collège l'organisation administrative de notre pays, et qu'ils aient aussi des notions précises sur les ressources agricoles, industrielles et commerciales de la France, sur ses voies de communication, sa marine, ses colonies, ses forces militaires. Mais on sortirait de l'objet de l'enseignement secondaire, qui est de former l'homme, si l'on chargeait la mémoire des élèves de renseignements qui appartiennent à la statistique ou à l'enseignement des écoles professionnelles et des écoles spéciales. L'élève « *ne doit pas être un dictionnaire de géographie*[1] »;

---

[1] Cette pensée si juste, qu'on oublie un peu aujourd'hui, est empruntée aux excellents *Principes d'éducation*, de Niemeyer, t. II, p. 110.

ces chiffres, qu'il trouvera toujours, quand il en aura besoin, dans les livres spéciaux, ne peuvent qu'accabler son intelligence, au lieu de lui donner l'essor. Les programmes de nos lycées en sont, il faut l'avouer, un peu surchargés. Ce défaut s'explique facilement : c'est toujours aux hommes de la partie qu'on les demande ; or il est inévitable que ceux-ci donnent une place excessive aux études qui les occupent et dont, à leurs yeux, l'importance est prédominante. C'est ainsi que, dans toutes les branches de l'enseignement, littérature, histoire, géographie, sciences mathématiques et sciences physiques, nous dépassons la mesure, et que nos élèves prennent l'habitude d'effleurer tout, ou de négliger une partie de ces tâches trop multipliées et trop longues.

La seconde partie de l'examen comprend : comme épreuves écrites, une composition de philosophie et une traduction en français d'un texte de langue vivante ; comme épreuves orales, des interrogations sur la philosophie, sur les ouvrages de philosophie portés au programme et sur l'histoire de la philosophie, sur les sciences mathématiques, sur les sciences physiques et naturelles, sur une langue vivante, enfin sur l'histoire et la géographie contemporaine de 1789 à 1848.

Nous avons sous les yeux le recueil des sujets de dissertation donnés à la Sorbonne depuis 1806 [1]. Ils sont souvent assez difficiles ; mais nous sommes loin de nous en plaindre, car c'est le meilleur moyen de reconnaître les véritables élèves de philosophie, qui ont suivi avec attention les excellents cours de nos lycées, et de prendre en faute les candidats qui ont prétendu se soustraire à un enseignement étendu

---

1. *Traité théorique et pratique de la dissertation philosophique*, contenant tous les sujets donnés à la Sorbonne depuis 1806 sur la philosophie et l'histoire de la philosophie, accompagnés de plans développés et de modèles. Cet excellent ouvrage d'un savant professeur, M. Eug. Lévêque, collaborateur de M. Cousin pour la publication de *Proclus* et de M. Bouillet pour la traduction des *Ennéades* de Plotin, rend de grands services aux jeunes gens. C'est, en réalité, un cours complet de philosophie et d'histoire de la philosophie.

et sérieux, et qui ont espéré se tirer d'affaire en apprenant par cœur quelque résumé superficiel.

Nous ne pouvons guère apprécier par nous-même le choix des extraits d'auteurs allemands ou anglais proposés comme textes de versions. Eu égard aux deux heures accordées aux candidats, ces morceaux nous paraissent un peu longs ; j'entends dire qu'ils sont quelquefois très difficiles et que des élèves qui comptent parmi les plus exercés échouent à cette épreuve. Là aussi il faudrait qu'il y eût à peu près égalité dans l'étendue et la force des versions, et que le texte fût assez bien coupé pour faire un ensemble régulier et facile à saisir.

Le programme de philosophie, sur lequel portent les deux premières parties de l'examen oral, est sagement calculé pour l'étendue et la distribution des parties, clair et précis dans sa rédaction. La liste des ouvrages philosophiques à lire et à analyser est un peu longue, eu égard à tous les autres objets d'étude qui se disputent cette dernière année de classe. Il est certain que les élèves de philosophie sont deux fois plus chargés aujourd'hui qu'à l'époque où nous étions élève. Par une sorte de fatalité qu'on a souvent signalée, chaque essai de réforme ajoute à leurs tâches. De notre temps on ne connaissait pas le cours d'histoire et de géographie contemporaines ; les langues vivantes ne figuraient pas dans l'examen ; le programme de mathématiques, celui de physique et de chimie étaient beaucoup plus restreints ; la cosmographie et l'histoire naturelle n'y étaient pas comprises. C'est la distribution du baccalauréat entre deux années qui a donné subitement cette importance nouvelle à la partie scientifique. Nous ne songerions pas à nous en plaindre, si les heures de travail pouvaient être multipliées dans la proportion des objets d'étude. Nous reconnaissons même que l'histoire de la première moitié de ce siècle doit, au moins dans ses principaux traits, être enseignée à nos élèves, et que la connaissance des langues étrangères est une nécessité de notre temps. Quant aux sciences mathématiques et natu-

relles, le voisinage d'un examen et d'un diplôme spécial offert
à ceux qu'une vocation particulière et le choix de leur carrière portent de ce côté, permettrait, ce semble, de décharger
sensiblement les candidats au simple baccalauréat ès lettres.
— On répond que ce programme n'est que le résumé des cours
de sciences répartis entre toutes les classes de lettres, depuis
la quatrième jusqu'à la rhétorique. Mais je répéterai ce que
j'ai écrit déjà, il y sept ans [1] : le temps manquait, quand
j'étais enfant et jeune homme, il manque encore plus aujour-
d'hui pour suffire à tant d'efforts. Aujourd'hui comme en
1840, les élèves les mieux doués pour les lettres se désintéressent des sciences ; quelques-uns, qui songent déjà à une
école spéciale, portent de ce côté leurs préférences exclu-
sives ; le grand nombre effleure tout et ne profite de rien. On
cite les rares sujets qui, par le privilège de dons supérieurs
ou au prix d'un labeur gigantesque, mènent tout de front et
réussissent partout.

La réforme du baccalauréat suppose donc, en somme, la
réforme même des études et un examen nouveau, plus sérieux
et moins passionné, des projets de M. Jules Simon. C'est en
réduisant, comme il le voulait, le travail écrit, en développ-
pant l'enseignement oral, en supprimant ou restreignant
certains exercices, qui ne sont pas indispensables à la
culture intellectuelle, et auxquels les conditions de la vie
moderne ont enlevé depuis longtemps leur utilité pratique,
qu'on pourra rendre aux enfants du temps pour les études
profitables, et aussi des loisirs pour le développement physique. Les vers latins, qu'il faut maintenir dans les classes
d'humanités comme application des règles de la prosodie et
comme complément de l'étude des poètes, ne sont déjà,
depuis longtemps, comme exercice de composition, qu'une
brillante exception. Ce n'est guère qu'à Paris et dans quelques grands lycées de province qu'un petit nombre d'élèves,
pour la plupart candidats à l'École normale, cultivent avec fruit

_Lettre à M. Cuvillier-Fleury, p. 24._

cette faculté. En fait, sauf cette élite, tous les rhétoriciens, avec l'autorisation avouée ou tacite de leurs maîtres, s'affranchissent de cette tâche. Quant à la composition latine, objet de plus d'efforts, parce qu'elle mène au baccalauréat, elle n'a pas par elle-même, il faut l'avouer, plus de séductions pour les élèves. Convenons aussi que c'est le très petit nombre qui réussit à écrire en latin avec facilité et avec une certaine élégance. Les longues heures qu'ils emploient à composer lourdement et gauchement dans une langue qu'ils n'auront plus ni à parler ni à écrire, ne seraient-elles pas mieux employées à bien exprimer leurs idées dans leur propre langue et dans une ou plusieurs de ces langues modernes si nécessaires aujourd'hui au littérateur et au savant, comme à l'officier, à l'ingénieur, au commerçant, à l'industriel ?

Toutes ces idées sont banales, les pères de famille, les journaux de tous les partis ne cessent de les répéter. L'Université seule, par l'attachement respectable de tout corps constitué à des traditions anciennes, et aussi par la force tyrannique de l'habitude, ne les acceptera pas sans doute plus facilement aujourd'hui qu'il y a sept ans. Les jeunes générations de maîtres seront avec nous; les changements prévus et annoncés seront sans doute subis plutôt qu'acceptés par les autres. La faute en est à tous, aux partisans comme aux adversaires des réformes : on a cru trop facilement, en 1873, que la question était enterrée; on a oublié que certaines idées, une fois lancées, tombent pour un moment, mais ne meurent pas. Il fallait provoquer sur cette grosse affaire la discussion qui fait la lumière; il fallait prévenir l'opinion publique ou s'efforcer de la ramener, au lieu de se laisser encore une fois surprendre par elle; il fallait imiter, ou plutôt devancer l'exemple des amis de l'enseignement supérieur, qui ont fondé récemment une association pour l'étude des questions de cet ordre [1]. Alors le terrain

1. Nous apprenons qu'une *Société pour l'étude des questions d'enseignement secondaire* vient de se fonder par l'initiative d'une cinquantaine d'honorables professeurs et administrateurs des lycées, des collèges et de plu-

eût été préparé : on se fût mis d'accord sur les principes, sur les applications ; on eût étudié de plus près la pratique des nations étrangères, et l'on eût reconnu par un mûr examen, en tenant compte de notre caractère national, ce qu'il est possible de leur prendre, ce qu'il convient de leur laisser. Nous avons été conduit par un devoir professionnel à faire sommairement cette comparaison ; nous espérons, comme nous l'avons dit déjà, que notre exemple aura des imitateurs, et que cet écrit en suscitera d'autres destinés soit à le fortifier, soit à le combattre. Nous en saluerons avec plaisir l'apparition : la critique, la contradiction même nous affligeraient moins que le silence.

### III. La composition en récitation.

A l'appui de ce que nous avons dit sur la composition en récitation (page 26 et note 3), nous croyons devoir reproduire la lettre ci-jointe publiée dans la *Revue de l'instruction publique* du 1er juillet 1869. Nous étions alors professeur de rhétorique au lycée Saint-Louis ; nous pouvions apprécier de plus près qu'aujourd'hui les abus de cette composition, et nous sommes plus sûr que nous ne le serions maintenant de l'exactitude des chiffres, empruntés à la pratique de nos collègues et à la nôtre.

Mon cher Directeur,

Dans l'article où vous demandez avec tant de raison pour nos collèges une meilleure distribution des congés, vous

sieurs écoles libres de Paris. Nous voyons aussi sur la liste avec grand plaisir le nom de M. Bréal, de l'Institut et du Collège de France, inspecteur général de l'enseignement supérieur, dont la compétence dans ces questions est connue de tous et de nous mieux que de personne. Nous nous sommes empressé d'envoyer notre adhésion au Comité de fondation.

exprimez aussi le vœu « que l'on diminue et simplifie considérablement l'appareil des compositions de fin d'année ». Ce serait là en effet une réforme des plus utiles, surtout à Paris, où nos élèves, qui alternent entre le lycée et la Sorbonne, ont quelquefois, pendant le mois de juillet, jusqu'à cinq compositions dans une même semaine. Rappelons comme circonstance aggravante que, pour la plupart des facultés de rhétorique et de philosophie, encore aujourd'hui, malgré d'anciennes et justes réclamations, on les tient enfermés dix longues heures dans les salles étroites et malsaines de la rue Gerson. Je calcule que nos rhétoriciens n'ont pas moins de seize compositions accumulées entre le 6 juillet et les premiers jours d'août. Encore n'ai-je pas compris dans ce nombre une dix-septième épreuve sur laquelle je vous demande la permission d'appeler un instant votre attention et celle des lecteurs de la *Revue*, je veux parler de la récitation classique.

Sur l'utilité de ce concours les avis, je le sais, sont partagés. Cependant, je ne crois pas me tromper en affirmant que le plus grand nombre des professeurs lui est contraire, et, si je ne m'abuse, à l'époque de l'enquête ouverte par M. Rouland, il était fortement question de le supprimer. Aujourd'hui que, si sagement, on étudie les moyens d'alléger le poids du travail imposé à nos élèves, je m'étonne que cette question n'ait pas été soulevée. Cette tâche qui, tous les trois mois, vient par surcroît peser sur les classes, est cependant une des plus redoutées, des plus lourdes, et, à mon avis, des moins fructueuses.

Qui de nous ignore les sentiments qu'excite chez la plupart de nos élèves l'annonce de cette terrible composition, quel appareil de menaces il faut déployer pour obtenir qu'on la prépare avec courage, qu'on ne cherche pas à l'esquiver par quelque subterfuge ? Malgré tout, parmi les externes, que de vides le jour où elle commence ! que de certificats, je ne dirai pas de précepteurs et de parents (on a pris le parti de les récuser comme suspects de complaisance), mais de médecins! Parlons des élèves laborieux, ardents, qui, en cela comme en tout le reste, veulent satisfaire leurs maîtres et réussir. Ils ont à repasser divers morceaux de prosateurs et de poètes français, latins, souvent même grecs ; c'est un total qui s'élève au moins à six ou huit cents lignes ou vers, plus souvent à mille ou à quinze cents ; dans certaines classes, dit-on, il va jusqu'à trois mille. Il s'agit de réciter imperturbablement des passages pris au hasard dans cet ensemble, d'en être si pénétré qu'ils coulent, pour ainsi dire, de source, sans interruption, sans hésitation ; car nos classes sont nombreuses, et pour que cette composition n'absorbe pas un trop grand nombre d'heures, il faut la mener lestement, et mesurer avarement les minutes aux élèves. Aussi quelle tension d'esprit pendant la semaine qui précède ! quelle tâche rebutante et pour les enfants qui récitent et récitent sans répit les mêmes choses, et pour un père, pour une mère, pour une sœur qui, jusqu'au moment terrible, ne cessent d'exercer le malheureux athlète, épuisé souvent avant la lutte et succombant quelquefois pour s'y être préparé avec trop d'efforts !

Mais, dira-t-on, tout ce temps, tout ce travail ne sont pas perdus ; il en reste des fruits précieux, un riche trésor de pensées, d'expressions et de tournures, plus de facilité, d'abondance et de couleur dans le style. Tels sont en effet les avantages des exercices de mémoire sagement mesurés, et loin de moi la pensée de les bannir ! Ils sont nécessaires dès l'enfance pour la langue maternelle ; ils le sont à plus forte raison pour une langue morte, surtout quand on doit apprendre à l'écrire en prose et en vers. Il faut donc absolument dans nos classes des leçons régulièrement et bien récitées. Mais croit-on que l'élève qui profite le mieux des leçons apprises, qui sait le mieux les digérer et en retrouver les souvenirs dans ses devoirs, soit celui qui est rompu à cette gymnastique de la composition trimestrielle ? Quel est le professeur qui ne rencontre presque chaque année des élèves médiocres, quelquefois incapables, qui sont doués de cette faculté de réciter sans répit, sans trêve, sans réflexion, et qui enlèvent presque infailliblement les premières places ? Il est vrai qu'ils oublient, en général, aussi vite qu'ils ont appris ; il est vrai encore qu'ils comprennent médiocrement ce qu'ils récitent et qu'ils seraient souvent fort embarrassés pour en fixer le sens. De là ce scandale trop fréquent d'élèves distingués et laborieux, sachant bien leurs leçons journalières, et rejetés dans les concours à un rang médiocre ou mauvais ; de là le profond discrédit des prix de récitation.

Mais, dira-t-on, le remède est bien simple, et quand M. Villemain, vers 1843, introduisait dans les classes ce nouvel exercice, il avait entendu le régler autrement. Forcez l'élève à prouver qu'il comprend et qu'il sent, interrogez-le pour vous assurer qu'il possède le sens. Rien de plus facile en théorie, rien de plus difficile en pratique avec nos réunions de cinquante, soixante, quatre-vingts jeunes gens. Sans doute pour les premiers, en cas d'incertitude, on tiendra compte de la diction ; mais pour le plus grand nombre le calcul des fautes décidera.

Je le crois donc, les trois ou quatre classes employées chaque trimestre à cette récitation, les longues heures qu'y consacrent les élèves, au détriment des devoirs ordinaires, pourraient être utilement rendues au travail régulier ou accordées au repos. Qu'on veille à la récitation de chaque jour, que l'on ait soin surtout de revenir, à différents intervalles, sur les morceaux appris et de les faire enfin reprendre d'ensemble ; voilà le vrai moyen de les graver dans la mémoire, sans dégoût et sans surcharge. Que si l'on veut maintenir la composition, mon avis serait de suivre l'exemple d'un de nos grands lycées. A Charlemagne, en effet, pour chaque élève il est tenu note de la récitation de chaque semaine ; une moyenne est établie, et, au bout du trimestre, le concours n'a lieu qu'entre les dix premiers. On évite ainsi de fatiguer inutilement les moins heureusement doués, l'épreuve est beaucoup plus courte et moins pénible pour le professeur ; en même temps elle peut être plus complète et

plus sûre; elle peut atteindre l'intelligence, le jugement et
le goût, aussi bien que la mémoire.

Si la question vous paraît digne d'être discutée, veuillez,
mon cher directeur, donner place à ces réflexions dans un
prochain numéro de la *Revue*, et recevez l'assurance de mes
sentiments dévoués.

DELTOUR.

## IV. DES COMPOSITIONS HEBDOMADAIRES. DES CONCOURS GÉNÉRAUX ET ACADÉMIQUES.

Des compositions fréquentes sont utiles comme moyen
d'émulation, comme contrôle du travail et du progrès des
élèves, comme éléments des récompenses de la fin du
semestre (prix d'excellence) et des prix de la fin de l'année
classique. A ce propos, nous ne pouvons qu'applaudir à une
décision récente de M. le Ministre de l'Instruction publique,
d'après laquelle chacune des compositions de l'année appor-
tera son appoint à la composition finale, dont l'importance
sera en outre réduite de trois à deux. De cette façon, les
prix en chaque faculté seront bien plus qu'autrefois la juste
récompense du travail de l'année entière; les chances heu-
reuses d'une journée n'y entreront plus pour la plus grande
part.

Mais ces compositions doivent-elles être rigoureusement
hebdomadaires[1]? Nous y voyons plusieurs inconvénients.
D'abord c'est un poids accablant pour les professeurs, qui,
à Paris et dans les grands lycées de province, où les classes
sont très peuplées, dépensent pour la correction de ces devoirs de huit à dix heures; quand il s'agit d'œuvres éten-

---

1. Depuis que ces pages sont écrites, nous avons reçu un tableau tracé par
l'administration de l'académie de Paris, qui réduit pour les lycées et collèges
de cette académie le nombre des compositions à une par quinzaine, en éta-
blissant entre les diverses facultés un juste équilibre.

dues, telles que les dissertations, les discours, les narrations, les compositions d'histoire, il faut ajouter encore à ce nombre d'heures. Si, comme nous le demandons, on développait dans nos classes le rôle de l'enseignement oral, la préparation des cours demanderait aux professeurs plus de temps qu'aujourd'hui; en classe il y aurait pour eux une plus grande dépense d'activité et de forces; il serait donc juste d'alléger le fardeau de la correction et du classement des compositions, qui s'ajoute à celui de l'examen des devoirs ordinaires. D'ailleurs le développement de l'enseignement oral permettrait de réduire le nombre de ces devoirs, au grand profit des élèves et des maîtres.

Mais la trop grande fréquence des compositions a encore pour effet d'enlever des heures à l'enseignement régulier, qui se meut déjà dans des limites si étroites et dont les congés viennent encore si souvent réduire la part. Autrefois, lorsqu'un congé avait empiété d'un ou plusieurs jours sur la semaine scolaire, la composition hebdomadaire était supprimée. C'était une règle absolue qui aujourd'hui est fréquemment violée. Certains chefs d'établissement croient que la multiplicité des compositions est le meilleur moyen d'assurer les progrès; cela est très contestable même pour les devoirs qui ne demandent à la rigueur que deux heures de travail, c'est-à-dire pour les thèmes et les versions. Mais quand il s'agit de narrations, de discours, de dissertations, de vers latins, les élèves studieux, réduits à deux ou trois heures, ne peuvent ni développer suffisamment leur sujet, ni soigner leur style; les devoirs ordinaires, auxquels ils consacrent de six à huit heures, sont un exercice beaucoup plus complet et plus concluant. Nous en appelons à l'expérience de tous les professeurs de philosophie, de rhétorique et de seconde.

Un dernier inconvénient de ces classements si nombreux, c'est de trop exciter, comme nous l'avons déjà dit, la vanité des premiers élèves et d'humilier les derniers au point d'éteindre en eux toute émulation et de briser tous les ressorts de leur intelligence et de leur volonté. Qui de nous, professeurs, n'a eu plus d'une fois le cœur serré, en proclamant chaque semaine le nom de pauvres écoliers qui, placés sans cesse à la queue de la liste, devenaient la risée de leurs camarades, et, après avoir pleuré peut-être secrètement de leurs humiliations, arrivaient, par endurcissement ou par contenance, à en rire eux-mêmes? Quels hommes préparent de tels enfants! Et cependant leur incapacité est-elle vraiment incurable? Je me souviens, et c'est un des meilleurs souvenirs de ma vie de professeur, qu'il m'arriva dans ma classe de rhétorique un jeune homme qui, par sa gaucherie, sa méfiance de lui-même, certains vices de son organisation physique, bien plus que par l'infériorité véritable de ses facultés, était le plastron de ses camarades. Par bonheur, j'étais chargé cette année de l'enseignement du français. Je trouvai dans les premiers essais de cet élève des traces d'intelligence, de jugement et surtout d'une véritable élévation de sentiment. Je lus en classe et fis ressortir ces traits heureux; à mesure qu'il prit confiance en lui-même, les bons passages devinrent plus nombreux dans ses devoirs. A la fin de l'année, il obtenait en discours français une des premières nominations; ce qui vaut mieux, depuis longtemps il était relevé dans l'estime de ses camarades et dans la sienne. La lettre qu'il écrivit alors à son professeur, en le remerciant de lui avoir rendu le sentiment de sa valeur personnelle, de lui avoir permis d'aspirer à être un homme, est pour celui-ci la plus douce des récompenses. Mais que de fois, hélas! par le malheur de nos grandes agglomérations d'élèves, laissons-nous échapper, directeurs et maîtres, l'occasion d'arracher d'honnêtes natures à de pareils découragements! Combien il est, cependant, de jeunes gens modestes, comme celui-là, qui par le caractère et le cœur égalent ou surpassent les héros tant célébrés de nos classes et de nos concours!

Autrefois il n'existait qu'un seul concours, celui des élèves des lycées et collèges de Paris et du lycée de Versailles. Depuis, dans une pensée d'émulation, et comme principe de vie et de mouvement pour les études, on a établi un concours entre tous les lycées et collèges d'une même académie (concours académique), et un concours général entre tous les lycées et collèges de France avec comparaison entre la province et Paris.

Nous avons signalé les inconvénients du plus ancien et du plus fameux de ces concours avec une sévérité qu'on aura peut-être jugée excessive. Qu'il nous soit permis cependant de défendre notre opinion par quelques souvenirs de nos années de collège. A cette époque, de 1834 à 1842, le concours s'étendait à toutes les classes depuis la sixième, et, dans chaque classe, à toutes les facultés. C'est beaucoup plus tard, en 1853, au moment des réformes de M. Fortoul, qu'on réduisit le nombre des compositions, et qu'on décida que les élèves ne seraient appelés à ces luttes annuelles qu'à partir de la quatrième. Au temps de nos études, l'unique pensée de tous, proviseur, censeur, professeurs, élèves, était le concours général; sans cesse on nous rappelait ces grandes journées où nous devions porter haut le drapeau de notre collège; c'est vers ce but qu'on dirigeait tous nos exercices, tous nos efforts. Hélas! pour préparer ce grand et chanceux combat, que notre proviseur appelait lui-même « une loterie, où le travail assurait seulement un bon numéro », que d'heures enlevées à nos jeux, à nos promenades, à ces exercices du corps si nécessaires à la santé physique et à la santé morale de l'enfant! Entassés dans la sombre salle de la bibliothèque de Louis-le-Grand, près de la cuisine et de la cordonnerie qui nous envoyaient leurs âcres odeurs, nous passions trois heures du jeudi et souvent du dimanche, les heures de la promenade, courbés sur des livres ou occupés de nos rédactions d'histoire. Un jour, M. Alexandre, inspecteur général, entra dans cette salle où étaient réunis non seulement des mathématiciens, des philosophes et des rhétoriciens de dix-huit à dix-neuf ans, mais des enfants de douze à quatorze ans. Il y trouva un de ses jeunes amis :

« Quoi! vous aussi, mon enfant, s'écria-t-il. A votre âge, vous êtes renfermé ici, au lieu d'aller respirer et courir! Eh! mes amis, quand j'étais écolier, j'avais des prix au concours, et cependant je ne manquais pas les promenades, je jouais aux barres, je jouais à la balle; je ne connaissais pas la retenue volontaire. » Notre éminent proviseur répondit, comme il en avait le droit, que « le temps manquait pour les tâches de tout genre que les règlements prescrivaient. Réduisez vos programmes, dit-il, simplifiez les questions que vous donnez dans les concours, et alors nous changerons de régime[1]! »

Les mêmes exigences du concours forçaient des enfants de troisième, qui étaient au travail depuis cinq heures du matin qui avaient eu le soir une étude de trois heures, à y joindre encore, après le souper, une *veillée* qui se prolongeait jusqu'à dix heures. Croit-on que leur santé n'en ait pas souffert, et que beaucoup d'entre nous, chétifs et malingres, n'aient pas quelquefois, dans la vie, accusé leurs années de collège[2]?

Autrefois, pendant les mois de juin et de juillet, il était d'usage d'accorder aux élèves une récréation de trois quarts d'heure avant le repas du soir. Avec quelle joie ils accueillaient cette récréation, la seule où il fût possible, dans nos cours étroites et sans ombrages, de respirer et de goûter quelque fraîcheur! Eh bien! un beau jour les élèves du *concours général*, c'est-à-dire l'élite de chaque classe, furent invités à se priver de cette récréation et à aller s'enfermer pendant

---

1. Cette réponse était parfaitement juste, et nous n'avons pas la pensée d'accuser la conduite de l'homme aussi généreux qu'habile dont nous entourons la mémoire d'une vénération filiale. Nous avons toujours saisi l'occasion de rendre hommage à notre cher proviseur, M. Pierrot Descilligny, et nous avons raconté dans la *Lettre à M. Cuvillier-Fleury* ces promenades particulières qu'il avait établies en dépit du concours général, qu'il dirigeait lui-même en véritable père de famille, et qu'il savait rendre si agréables et si instructives.

2. Les élèves externes ne sont pas soumis à une vie moins dure. Que de pères de famille voient avec chagrin leurs fils prolonger le travail de la journée jusqu'à onze heures du soir et consacrer à l'étude presque toutes les heures du dimanche! Combien de fois avons-nous été confidents de leurs plaintes!

cette heure si ardemment souhaitée dans une sombre salle de l'infirmerie. Ce n'était pas un ordre, sans doute; mais auprès d'enfants dociles, sensibles, qui craignent avant tout le mécontentement des maîtres, certaines invitations valent des ordres. Nous courbâmes la tête et nous nous rendîmes chaque soir, la figure allongée, dans cette salle d'étude, pour faire une version ou un thème, tandis que les cris joyeux de nos camarades, libres des honneurs du concours général, retentissaient à nos oreilles. Au reste, cette récréation du soir ne tarda pas, hélas! à être supprimée.

Combien de fois cependant les « bons numéros de la loterie » n'allaient pas à ces victimes du concours! Que d'exemples annuels d'élèves, placés à la tête du bataillon de leur collège, espoir et orgueil de leurs professeurs, qui succombaient misérablement dans la lutte, tandis que des camarades placés à l'arrière-garde remportaient des victoires qui les étonnaient eux-mêmes! Tous les élèves, tous les professeurs de nos lycées répètent que ces prix d'honneur, qui confèrent d'importants privilèges, qui ont une influence durable et souvent décisive sur la carrière d'un professeur, sont dus plus d'une fois aux chances d'une journée. Vingt jeunes gens pouvaient triompher comme le vainqueur : la disposition du jour, la nature du sujet avaient fait beaucoup pour le résultat. Combien de fois le lendemain eût été en désaccord avec la veille !

C'est, dira-t-on, la condition de tous les concours. — Pas toujours. Quand les épreuves sont multipliées, quand elles se complètent et se corrigent les unes par les autres, comme dans les concours de la licence et de l'agrégation, presque infailliblement le succès appartient au plus capable. Faut-il que ces couronnes incertaines soient le principal stimulant de nos études? Faut-il que ces victoires, contre lesquelles proteste quelquefois la conscience des jeunes gens, bons juges du mérite de leurs camarades, soient achetées au prix des abus que nous avons énumérés?

Il en est encore un autre fort grave. Que de fois des élèves qui ont achevé avec éclat leurs études dans les lycées de la province, viennent les reprendre à Paris, à titre de *vétérans* ou même, quand leur âge le permet, de *nouveaux* de rhétorique! Nous en avons connu qui, de la philosophie de province, descendaient dans la seconde de Paris. Quoi de plus décourageant pour les écoliers qui ont suivi régulièrement dans leur lycée le cours de leurs études, et qui se voient ainsi écrasés par des concurrents beaucoup plus exercés et plus mûrs? D'ailleurs, sans parler de ces *redoublants* de province, combien d'élèves de Paris *redoublent*, comme nous l'avons dit, non par suite de leur faiblesse, mais à cause de leur force même, qui leur donne des chances pour le concours de l'année suivante?

Enfin, nous avons aussi le devoir de le dire, dans l'Université, la considération, les éloges, l'avancement, les distinctions sont de préférence pour les professeurs désignés par les succès du concours. Quant à ceux qui tiennent avant tout à partager leurs soins entre tous leurs élèves, qui vont chercher dans les derniers rangs l'écolier le plus humble pour soutenir ses efforts courageux, qui élèvent ainsi le niveau de leur classe et obtiennent de tous les jeunes gens de bonne volonté des progrès sensibles, ceux-là sont placés bien après les autres dans les préférences de leurs chefs et dans l'opinion générale de leurs collègues, sinon des familles. Moins accusée aujourd'hui qu'autrefois, cette différence est pourtant réelle, elle est inévitable : ainsi les choses iront toujours tant que les concours conserveront leur étendue et leur importance.

Les concours de la province, modelés sur ceux de Paris, donnent aussi la victoire au travail d'une seule journée, assurent aux établissements et aux maîtres vainqueurs les mêmes avantages, ils ont les mêmes inconvénients. Ils en ont quelquefois un plus grave, sur lequel nous ne voulons pas insister, c'est le défaut de sincérité. L'appât des récompenses est trop grand pour que la fraude, favorisée par la dispersion des candidats et par l'insuffisance d'une surveillance locale, ne s'y soit pas trop souvent glissée[1]. De là des succès volés, triste début dans la vie pour les jeunes gens qui en profitent, triste leçon qu'ils reçoivent des maîtres qui ont favorisé la fraude ! Ces pratiques sont telles, que des hommes d'une compétence exceptionnelle déclarent le mal incurable.

Un autre abus qui existe aussi à Paris, mais qui est bien plus sensible en province, c'est le temps que ces concours enlèvent à la durée de l'année classique. Le concours académique doit avoir lieu assez tôt pour que les commissions chargées du classement des compositions aient achevé leur travail avant l'ouverture du concours général de Paris. En effet, dans certaines facultés, comme les mathématiques spéciales et élémentaires, la dissertation française, le discours latin, l'histoire, la géographie, les quatre premiers élèves du concours de l'académie sont appelés à prendre part à un second concours dans les mêmes conditions et sur les mêmes sujets que les élèves de Paris : c'est le concours général des dé-

---

1. Les compositions se font en général dans la ville même où se trouve le lycée ou le collège. Dans quelques académies on a essayé de faire venir les concurrents au chef-lieu du département, sous le contrôle direct de l'inspecteur d'académie. Mais les dépenses du voyage et du séjour dans la ville effrayent beaucoup de familles qui refusent d'y subvenir. C'est donc dans le collège même, quelquefois à la sous-préfecture ou à la mairie, sous la surveillance d'un membre du bureau d'administration, qui a bien voulu accepter cette tâche, que se font les compositions. Mais ces personnes honorables, peu habituées à la discipline scolaire, s'entendent moins à une telle surveillance qu'un simple maître d'étude. Puis les sujets de composition ont dû être envoyés d'avance par le recteur au chef de l'établissement, et des faits trop certains démontrent malheureusement que plus d'une fois les intéressés en ont eu communication avant le concours. En mathématiques, en physique, en histoire, en géographie, en philosophie, une telle fraude assure le succès. On ne s'en est pas abstenu même pour les compositions exclusivement littéraires, comme la version latine et la version grecque. Des commissions d'examen ont eu le devoir de signaler à MM. les recteurs trois ou quatre copies presque identiques ; l'étrangeté même des contre-sens, qui ne pouvaient pas venir à l'esprit de quatre jeunes gens à la fois, et qu'on ne retrouvait chez aucun des autres concurrents, prouvait clairement une inspiration étrangère. Vérification faite, ces élèves appartenaient tous au même établissement. Hâtons-nous de dire que les proviseurs et les professeurs de nos lycées sont incapables de pareilles manœuvres.

partements, qui a ses lauréats particuliers, mais qui donne lieu aussi à un classement comparatif avec Paris. Les concours académiques précèdent donc le concours général d'un mois, quelquefois de six à sept semaines; nous connaissons une académie où ils ont eu lieu, en 1879, du 26 au 31 mai, et nous avons pu apprécier par nous-même le double inconvénient de cet état de choses. D'abord le véritable travail de la classe s'arrête à cette date : deux mois avant les vacances l'année est finie; la rhétorique et la philosophie ne sont plus que la préparation du baccalauréat; bien entendu, les facultés qui ne sont pas représentées à l'examen, telles que le discours français, ne figurent plus dans les exercices de la classe.

Autre mal non moins grave : les cours d'histoire et de géographie, pour lesquels les dix mois de l'année réglementaire suffiraient à grand'peine, doivent être parcourus en huit mois; sinon, le professeur expose ses élèves à ne pouvoir prendre part au concours. Je n'exagère rien, je n'invente rien : dans l'académie que je désignais tout à l'heure, on a donné, le 27 mai dernier, aux élèves de rhétorique comme sujet de composition la question suivante : « Rapports de Catherine II avec la Turquie », c'est-à-dire une partie de la quinzième des énormes questions de ce cours qui en compte dix-huit. Or, aucun des professeurs des quatre lycées que j'ai visités n'avait pu encore aborder cette période de l'histoire; leurs élèves (et beaucoup donnaient de grandes espérances) durent s'abstenir. La Commission, dans le petit nombre de compositions qu'elle reçut, ne put trouver d'éléments que pour deux prix et trois accessits, obtenus par trois établissements d'importance secondaire [1]. — Les professeurs, a-t-on dit, étaient dans leur tort; ils au-

---

1. Deux collèges communaux, dont chacun a remporté un prix et un accessit, et un lycée. Encore l'élève de ce lycée n'a-t-il pu faire la composition et obtenir un accessit que par suite d'une préparation anticipée au baccalauréat. La question n'avait pas été encore traitée en classe : le professeur nous l'a déclaré franchement.

raient dû aller plus vite, et ménager à leurs élèves du temps pour repasser le cours. — Mais que l'on calcule le nombre de classes attribuées à l'enseignement de l'histoire, qu'on en déduise les jours de congé, on reconnaîtra, comme nous l'avons fait, que pas une heure n'avait été perdue. Pour achever le cours, cinq ou six semaines encore étaient nécessaires : avant de repasser, il faut avoir pu apprendre !

Dans une académie voisine que nous avons aussi visitée, le concours n'a commencé qu'avec le mois de juillet. Cette pratique est beaucoup plus sage, mais c'est encore un mois enlevé à l'année classique.

M. le Ministre de l'Instruction publique a bien reconnu la gravité de cet état de choses : par un récent arrêté, en même temps qu'il réduisait considérablement, comme nous l'avons dit, la valeur des compositions finales pour le calcul des prix de l'intérieur, il a décidé que ces compositions, placées, depuis de longues années, à la fin de juin ou dans les premiers jours de juillet, seraient reculées jusqu'aux dernières semaines de l'année classique. Ces mesures seront-elles complétées par d'autres qui s'étendraient aux concours académiques et aux concours généraux ? Supprimera-t-on les premiers, qu'on vient déjà de restreindre ? Réduira-t-on les seconds aux classes vraiment importantes, depuis les mathématiques spéciales jusqu'à la rhétorique ou à la seconde, en les maintenant, dans cette mesure, pour toute la France ? Il ne nous appartient pas de le préjuger. Les pages que nous venons d'écrire, fruit d'une expérience de quarante-six années, comme élève, comme professeur et comme inspecteur, seront du moins une pièce du procès.

Mais, disent quelques maîtres, sans les concours, c'en est fait de la force des études, c'en est fait de l'émulation et du travail ! Voyez, à Paris, la langueur des classes de sixième et de cinquième qui ne sont pas admises au concours ; voyez dans les classes supérieures l'indifférence des élèves pour les facultés qui ne figurent pas dans la lutte finale ! — Le premier fait est très contestable; depuis huit ans que nous inspectons les lycées et collèges de Paris, de Vanves et de Versailles, nous avons rencontré beaucoup de classes de grammaire où l'activité des élèves égalait le zèle intelligent du professeur. Quant aux compositions françaises, exclues en effet du concours général en troisième et en seconde, nous en avons lu ou entendu dans certaines classes de Paris et de la province qui, par la justesse des idées, par la proportion du développement, par la pureté élégante du style, nous ont fait un véritable plaisir. Tout dépend de l'importance qu'y attache le professeur.

En effet, en dehors du concours, de quelles ressources dispose un bon maître pour exciter l'émulation des enfants! Sans parler des prix de semestre et de fin d'année, des classements de semaine ou de quinzaine, des notes hebdomadaires et trimestrielles, des exemptions de toute couleur, des sorties de mérite, bien souvent n'est-ce pas assez d'un éloge, d'un sourire du professeur pour faire rayonner les yeux des écoliers, pour enflammer leur ardeur? Est-ce aussi qu'un reproche fait à propos, un mot sévère, un regard attristé ne sont pas des peines qui vont au cœur des jeunes gens bien nés, et qui rendent inutile tout notre luxe de pensums, de retenues et de séquestres? Ici plus qu'ailleurs, on peut le dire hardiment, le maître fait les élèves : aimez les enfants et vous en serez aimé; montrez-vous joyeux de leurs progrès, affligé de leur faiblesse, et vous les verrez redoubler d'efforts et secouer leur torpeur, et, sans le prestige des couronnes, sans la perspective terrible des peines, leur travail et leurs succès dépasseront vos espérances.

De tels résultats ne sont-ils pas aussi pour les professeurs la meilleure récompense de leurs veilles et de leur obscur et laborieux dévouement? Ont-ils besoin des succès retentissants de la Sorbonne pour être contents de leur année et pour goûter cette douce joie de l'honnête homme qui a fait son devoir? D'ailleurs, pour beaucoup d'entre eux, l'admission de leurs élèves à l'École polytechnique, à l'École nor-

malo, à l'École militaire, à l'École centrale, n'est-elle pas
une source de satisfactions moins chanceuses, moins souvent déçues que les couronnes du concours? Quand les différents baccalauréats seront devenus ce qu'ils devraient être,
la sanction des études, n'y trouveront-ils pas de nouvelles
joies, de nouvelles récompenses? Le grade de bachelier est
aujourd'hui discrédité; ne sera-t-il pas alors, comme le *certificat de maturité* de l'Allemagne, un titre de noblesse dont
les maîtres seront fiers aussi bien que les élèves? Ne croyons
pas si facilement que les bruyantes distinctions, les discours
solennels, les couronnes, les applaudissements, les fanfares,
la publicité des journaux soient nécessaires chez nous aux
enfants comme aux hommes. Une éducation plus simple,
plus modeste, plus renfermée entre les murs du collège,
fera des hommes plus sérieux et mieux trempés. Moins
avides d'éclat, de bruit, de popularité, ils auront moins de
ces défauts que les étrangers nous reprochent : les talents
ne seront pas moins nombreux, les caractères seront moins
rares.


## V. Un programme d'études secondaires classiques.


C'est à une commission nommée par le Ministre et com-
posée d'hommes compétents, inspecteurs, proviseurs, professeurs, qu'il appartiendra d'élaborer un plan complet
d'études classiques, plus en rapport que l'ancien avec les
besoins de l'éducation physique, avec les conditions de la
vie moderne et avec la nécessité de faire de la place à des
enseignements longtemps sacrifiés.

En attendant, les hommes qui, par devoir de profession
ou en raison de l'importance de ce grand intérêt vraiment
national, s'occupent de la question, peuvent du moins préparer la discussion et lui donner une base en proposant des
programmes qu'ils n'entendent pas présenter comme un

idéal. Un éminent inspecteur général, M. Cournot, l'avait fait déjà en 1864[1]; un autre haut fonctionnaire de l'Université, M. Théry, ancien proviseur, ancien recteur, a aussi, dans une intéressante brochure publiée en 1872[2], signalé avec force les vices de l'organisation actuelle et tracé un plan complet d'études secondaires. Nous avons sous les yeux un livre publié récemment par M. Th. Ferneuil, sous ce titre : *La réforme de l'enseignement public en France*[3]. La question de l'enseignement secondaire y est traitée, comme celle des autres enseignements, avec étendue et compétence, et nous sommes heureux d'être souvent d'accord avec l'auteur. M. Ferneuil donne aussi, sous les réserves que nous exprimions tout à l'heure, un programme complet d'études pour les neuf années entre lesquelles il distribue l'enseignement du lycée. Nous avons étudié avec attention ces différents programmes; nous nous sommes pénétré des idées fécondes et des précieuses indications d'un éminent pédagogue allemand, Niemeyer, dont le remarquable livre, *Principes d'éducation*[4], est trop peu connu dans notre pays. Entouré de ces documents et d'autres que nous avons déjà cités[5], guidé d'ailleurs par les règlements actuels, dont beaucoup de parties doivent être maintenues, nous avons

1. *Des institutions d'instruction publique en France*, Hachette.
2. *Projet d'une réforme dans l'enseignement des langues anciennes*, Durand.
3. Hachette, 1879.
4. Hermann-Auguste Niemeyer, né à Halle en 1754, mort en 1828, a été longtemps professeur à Halle, puis recteur de cette Université. Nous avons entre les mains la 9e édition de son livre, traduite en 1837 par M. J. J. Lochmann, chef d'institution et professeur à l'École normale de Lausanne.
5. M. Michel Bréal, *Quelques mots sur l'instruction publique en France*. — M. Jules Simon, *La réforme de l'enseignement secondaire*, Hachette, 1874. — M. Saugeon, *La Réforme dans l'éducation*. — M. Milsand, *Les études classiques et l'enseignement public*. — M. Félix Pécaut, *Études au jour le jour sur l'éducation nationale*, Hachette, 1879. — Nous devons nommer aussi le bel ouvrage de M. Gabriel Compayré, *Histoire critique des doctrines de l'éducation en France depuis le seizième siècle*, 2 vol. in-8°, Hachette, 1879. Nous venons de lire ces deux volumes avec autant de profit que de plaisir. Nous pourrions invoquer aussi l'autorité considérable de M. Ch. Lenormant, *Essais sur l'instruction publique*, 1873.

rédigé à notre tour un programme que nous soumettons à l'examen de nos collègues et particulièrement à celui des membres de la *Société pour l'étude des questions d'enseignement secondaire*, dont nous avons annoncé plus haut la création. Nous avons jugé que nos considérations précédentes seraient incomplètes et vagues sans cette conclusion qui en précise et en applique les idées principales.


### Division élémentaire.

Nous maintiendrions la distribution actuelle des études entre trois sections distinctes : classes élémentaires, classes de grammaire, classes supérieures. La division élémentaire comprendrait, comme aujourd'hui, trois années ; mais nous exclurions absolument du programme la langue latine qui, actuellement, introduite dès le quatrième mois de la seconde classe (*huitième*), prend aussitôt, en dépit de tous les règlements, le rôle principal. Ces trois années de l'enfance (de sept à dix ans ou de huit à onze) seraient, selon nous, plus utilement occupées par une étude pratique mais étendue de la langue française, que nos élèves savent si mal ; par l'étude *journalière* d'une langue étrangère, anglais ou allemand [1], au choix des familles ; par des leçons élémentaires de géographie physique, d'histoire biblique, d'histoire de France, de calcul, d'histoire naturelle (leçons de choses), sans parler de l'écriture et du chant. En voilà assez pour remplir les journées des enfants, en laissant de la place pour l'enseignement religieux de chaque culte, pour la gymnastique, pour de fréquentes récréations, enfin pour le travail personnel. À cet âge, les tâches écrites doivent être courtes. Les exercices de mémoire, bornés à des morceaux simples et peu étendus de prosateurs et surtout de poètes, et, pour les grammaires,

---

1. Dans le Midi ce sera l'italien ou l'espagnol, si les familles préfèrent une de ces langues. Ce choix est admis déjà dans nos lycées.

aux déclinaisons, aux conjugaisons, à toutes les formes irré-
gulières, n'emploieront pas beaucoup de temps. Quant à la
géographie, à l'histoire, à l'arithmétique, elles ne doivent
jamais être l'objet d'une récitation littérale. Les heures de
travail à la salle d'étude seront donc facilement peu nombreuses.

Nous voudrions que, dans cette division, la durée des
classes fût d'une heure pour les langues vivantes, pour le
calcul, pour les leçons de choses; d'une heure et demie pour
les autres objets d'étude qui, chez les commençants, gagnent
souvent à être réunis. C'est la pratique ancienne du lycée
de Vanves, et nous la trouvons excellente. Quant à l'enseignement religieux, à l'écriture, à la musique vocale, dans
tous les lycées la durée des cours est fixée à une heure.

Nous donnons, dans le tableau ci-dessous, la distribution
du temps et le programme des cours pour ces trois premières années d'études :

DISTRIBUTION DU TEMPS.

|  | HEURES. |
|---|---|
| Enseignement religieux | 2 |
| Langue française | 8 |
| Langues vivantes | 5 |
| Histoire et géographie | 4 |
| Calcul | 1 |
| Histoire naturelle (leçons de choses) | 1 |
| Écriture | 2 |
| Musique vocale | 2 |
| Total | 25 |

Ce total de vingt-cinq heures par semaine reste d'une
heure au-dessous de celui qui est prescrit par le règlement
actuel.

## PROGRAMME.

**I.** Langue française. — A. *Exercices oraux.* — 1° *Étude des mots et des phrases.* — La conversation et la lecture ont déjà fourni à l'enfant, quand il entre au collège à sept ou huit ans, un riche répertoire de mots et de phrases. Il faut l'amener à classer ces mots suivant qu'ils donnent à eux seuls un sens complet ou qu'ils ont besoin d'être joints à d'autres, suivant qu'ils subissent des changements ou qu'ils restent invariables. On doit lui faire distinguer ceux qui servent à en former d'autres (mots *racines*); ceux qui procèdent de ces derniers (*dérivés*); ceux qui, malgré la ressemblance des sons, diffèrent d'orthographe et de sens (*homonymes*); ceux qui, malgré le rapport des idées, en expriment cependant des nuances distinctes (*synonymes*). Il faut lui faire remarquer ces particules initiales qui servent à former d'autres mots (*re, dé, en, im, inter, é, ex, dis, pro, trans,* etc., *reposer, déposer, disposer, imposer, interposer, proposer, exposer, transposer, supposer,* etc.), et ces terminaisons (*esse, ette, ment, tion, able, ance,* etc.), auxquelles on doit tant d'autres mots (*prince, princesse; table, tablette; détourner, détournement; abolir, abolition; effroi, effroyable,* etc.).

Après l'étude des mots vient l'étude des phrases ou syntaxe. On en fera trouver aussi aux enfants les principales règles, en commençant par les phrases les plus simples, en leur montrant, par exemple, comment le changement du sujet change la forme du verbe et de l'attribut, *le père est bon, les pères sont bons;* quelle place occupent dans la proposition le nom, l'adjectif, le verbe, l'adverbe, etc.

C'est quand l'usage a appris ainsi à l'élève la distinction des parties du discours, le sens et les modifications des mots, les lois générales de leur accord, qu'il convient de faire intervenir la grammaire pour préciser et compléter cette première instruction. Ainsi l'entendait Leibniz[1], ainsi le prescrit Niemeyer dont nous venons de résumer les conseils, ainsi le pratiquent depuis longtemps beaucoup de bons maîtres que nous avons eu le plaisir d'entendre à Paris et en province, soit dans l'enseignement primaire, soit dans les classes élémentaires et les cours spéciaux[2] de nos lycées.

2° *Lecture à haute voix.* — Insister sur la netteté de l'articulation, sur les désinences, sur la ponctuation écrite ou sous-entendue, sur l'accentuation de certains mots de la phrase dont le rôle est prédominant; habituer les enfants à soutenir leur voix tant que le sens est en suspens, à la faire tomber quand il est complet[3].

3° *Explication des auteurs.* — Préciser le sens de chaque mot (mots archaïques, mots empruntés aux langues anciennes ou aux langues étrangères); expliquer toutes les allusions à l'histoire, à la géographie, à la Fable, aux croyances, aux usages anciens.

4° *Récitation.* — Exiger qu'elle soit nette, accentuée; la réserver à de courts morceaux d'auteurs simples et clairs, préalablement expliqués en classe, et à la première partie de la grammaire (étude des mots et des formes). Dans la seconde partie (syntaxe), le *paradigme* seul ou exemple, expression sensible de la règle, doit être reproduit littéralement.

B. *Exercices écrits.* — Dictées d'orthographe; devoirs sur les homonymes, les synonymes, les mots racines, les mots

1. *De grammaticis sic sentio, pleraque usu discenda, regulas deinde addendas ad perfectionem.*

2. Nous ne pouvons résister au plaisir de nommer M. Carassus, professeur de la première année d'enseignement spécial au lycée de Mont-de-Marsan. Cet excellent maître entend et pratique merveilleusement l'enseignement oral; quoique ses élèves soient très nombreux, il les tient tous en haleine, obtient de tous une part active au travail de la classe, et, par suite, des connaissances précises et sûres.

3. Voyez l'excellent livre de M. Legouvé, *L'art de la lecture,* aujourd'hui répandu dans nos classes.

dérivés, etc., d'après le modèle des exercices oraux; exercices d'analyse grammaticale.

C. *Liste des auteurs.* — Fables de Fénelon; fables choisies de la Fontaine et de Florian; morceaux choisis des auteurs classiques en prose et en vers [1].

II. Langues étrangères. — On ne s'étonnera pas de la place que nous avons faite à la langue étrangère (anglais, allemand, italien, espagnol) que la famille aura choisie. Tous les maîtres reconnaissent que l'enfance est l'âge où cette étude est le plus facile et le plus fructueuse, surtout si l'on emploie la méthode naturelle, celle que nous avons indiquée plus haut pour la langue française.

Les exercices oraux et les devoirs seront analogues à ceux que nous avons conseillés pour la langue maternelle. La conversation en anglais, en allemand, etc., devra de bonne heure jouer un rôle considérable.

Pour le choix des auteurs nous renvoyons aux programmes universitaires. Ils ont été rédigés par des hommes spéciaux dont nous n'avons pas la compétence.

III. Histoire et géographie. — L'histoire se renfermera dans le récit des grands événements, dans la biographie et le portrait des grands personnages. L'enseignement aura pour objet, pendant un an, l'histoire sainte (Ancien et Nouveau Testament), pendant les deux autres l'histoire de France. L'exposition ou la lecture du maître sera toujours suivie sur la carte, sans laquelle les élèves n'ont qu'une idée vague du théâtre des événements. La mémoire sera aidée par des

---

1. Aujourd'hui des pièces de vers subtiles, tourmentées, obscures, envahissent jusqu'aux recueils à l'usage des classes élémentaires. Rien n'est plus dangereux. Ce qui convient à l'enfant encore plus qu'au jeune homme, c'est un langage simple, précis, naturel. Grâce à Dieu, le bon et l'excellent ne manquent pas dans les œuvres de nos poètes et de nos prosateurs. Pourquoi aller chercher ce qui est médiocre et douteux comme goût et comme style?

sommaires analytiques, par des tableaux chronologiques et synchroniques, par des récits oraux dans lesquels on aura soin de dérouter la simple récitation, et même, surtout dans la troisième année, par de courtes narrations écrites, qui ne devront pas non plus reproduire le livre ou la parole du maître.

Notions élémentaires de géographie générale, de géographie des cinq parties du monde, de géographie de la France, tel est aujourd'hui, tel devra rester le programme de l'enseignement géographique. — Exercices à l'aide du globe terrestre, de la carte, du tableau noir; reproduction de cartes (fleuves, chaînes de montagnes, bassins, lignes de partage des eaux, contours de côtes, etc.) au tableau et sur le papier, d'abord d'après le modèle, puis de mémoire.

IV. ARITHMÉTIQUE. — *Première année*, les quatre règles; *deuxième année*, poids et mesures (tableaux); *troisième année*, nombres décimaux, fractions. — Exercices au tableau; petits problèmes.

V. HISTOIRE NATURELLE. — Notions sur les principaux animaux des quatre classes, vertébrés, annelés, mollusques, zoophytes; sur les principaux organes de l'homme et de la série animale; sur les végétaux les plus connus; sur les métaux, les combustibles, le sel, les cristaux; sur les plus importants phénomènes physiques (l'air, le vent, le son, la lumière, la chaleur, l'électricité, la foudre, le globe terrestre, les montagnes, les volcans, l'eau, la mer, les brouillards, la pluie, la neige, la glace, les glaciers, la rosée, les sources); sur les inventions les plus curieuses (les ballons, le baromètre, le thermomètre, les lunettes, le télescope, le microscope, le paratonnerre, la boussole, etc.). Ces *leçons de choses* se donneront toujours par les yeux, grâce à de grands tableaux dont nos classes primaires et élémentaires sont encore trop souvent dénuées. Elles pourraient s'étendre encore à des notions sur les principales industries, sur les machines à vapeur, les chemins de fer, l'imprimerie, la télégraphie, la photographie, la téléphonie, etc.

Bien entendu, dans cet enseignement, comme dans ceux de l'arithmétique, de l'histoire, de la géographie, la récitation textuelle d'un précis doit être absolument interdite.

## Division de grammaire.

Après ces trois premières années, les enfants arriveront dans la seconde division avec une connaissance solide du vocabulaire et des principales règles de leur langue et d'une langue étrangère, en état de lire et de parler celle-ci. Des études élémentaires, mais intéressantes et, en quelque sorte, sensibles d'histoire, de géographie, d'histoire naturelle, des notions sur mille phénomènes physiques qui les entourent et qui le plus souvent passent inaperçus, sur mille inventions de l'homme, des exercices de calcul, auront éveillé leur curiosité et développé leur jugement. Ils auront atteint alors en moyenne l'âge de onze ans; ils seront bien préparés à l'étude des langues anciennes, qui prendra la première place, sans que la langue française et la langue moderne cessent d'avoir un rôle important. D'ailleurs, les exercices de version et de thème sont des comparaisons continuelles qui profitent à la connaissance et à la pratique de la langue maternelle.

Nous avons la profonde conviction que nos écoliers ne perdraient rien à apprendre le latin et le grec en six ou même en cinq ans, au lieu d'y employer, comme aujourd'hui, huit années. Tous les professeurs ont pu constater comme nous que les meilleurs rhétoriciens ne sont pas ceux qui ont suivi le cours régulier des études depuis la huitième. Combien avons-nous vu de ces héros du petit collège, qui arrivaient médiocres dans les hautes classes, rebutés, éteints par la longue répétition des mêmes exercices, excédés de la grammaire au point de n'en savoir plus appliquer les règles, tandis que des jeunes gens qui avaient fait dans leur famille, par une méthode plus rapide et moins fastidieuse, les études dites de grammaire, entraient dans la classe de troisième avec une vivacité d'esprit, une souplesse de jugement, une fraîcheur d'imagination qui les élevaient bien vite aux premières places!

## DISTRIBUTION DU TEMPS.

| | | |
|---|---|---|
| Enseignement religieux. | 1 | |
| Langue française....... | | |
| Langue latine......... | 14 | |
| Langue grecque........ | | |
| Langues vivantes...... | 4 | |
| Histoire et géographie.. | 3 | |
| Arithmétique......... | 1 | (en sixième et en cinquième), 2 en quatrième. |
| Histoire naturelle.... | 1 | (en cinquième). |
| Dessin d'imitation .. .. | 1 | (en sixième), 2 en cinquième et en quatrième. |
| Musique vocale....... | 2 | (en sixième), 1 en cinquième et en quatrième. |
| Total......... | 27 heures. | |

Ce total de vingt-sept heures dépasse d'une heure le règlement actuel; le développement plus grand de l'enseignement oral et de l'étude des langues vivantes explique cette différence. D'ailleurs le travail de la salle d'étude serait notablement diminué.

## PROGRAMME.

I. LANGUE FRANÇAISE. — A. *Exercices oraux.* — 1° Continuation des exercices oraux et des études de grammaire d'après la méthode indiquée pour la division élémentaire.

2° Continuation de la lecture à haute voix d'après les principes fixés plus haut.

DELTOUR.

3° Explication des auteurs; commentaire biographique, philologique, géographique, littéraire.

4° Dans la seconde et surtout dans la troisième année (cinquième et quatrième), étude élémentaire et exercices de prosodie française (mesure, rythme, césure, rime, rimes plates, croisées, redoublées, l'accent tonique, l'hiatus, l'enjambement, la période poétique, les principaux mètres, les vers libres, les strophes les plus usitées). Cette étude se fera surtout par des exercices au tableau (vers scandés, retournés, reconstruits), comme pour la versification latine [1].

5° Récitation dans les conditions et la mesure indiquées pour la division élémentaire. Leçons courtes et peu nombreuses; récapitulations fréquentes. *Pas de concours trimestriel de récitation* [2].

6° Correction des devoirs.

B. *Exercices écrits.* — Continuation des dictées d'orthographe, des exercices sur les synonymes, etc.; exercices d'analyse grammaticale et d'analyse logique; pendant la troisième année (quatrième), traductions de français du quinzième et du seizième siècle en français moderne, traductions de vers en prose et de prose en vers sur le modèle des exercices oraux de prosodie; en quatrième, courtes analyses de morceaux d'auteurs français, latins, grecs, expliqués en classe, d'après un plan tracé par le professeur; petits récits et portraits historiques rattachés au cours d'histoire.

1. Personne ne contestera l'utilité de cette innovation : « Comment admettre, écrivions nous déjà en 1874 (*Principes de composition et de style*, p. 351), que les enfants et les jeunes gens lisent nos poètes, les apprennent par cœur, les déclament, sans être initiés aux lois de la mesure, de la rime, de la césure ? Cette ignorance explique les fautes nombreuses qu'ils font en récitant. Ils ne briseraient pas tant de fois la mesure en ajoutant ou en supprimant des syllabes, ils seraient plus sensibles à l'harmonie, et, par suite, aux pensées et aux sentiments, s'ils étaient initiés aux lois de notre vers. Ce qu'on fait pour les poètes latins, est-il raisonnable de ne pas le faire pour les poètes français ? »

2. A la rigueur, nous admettons ce concours dans la division élémentaire. Dans les deux autres, la multiplicité des objets d'étude en fait une surcharge plus nuisible qu'utile. Nous croyons l'avoir démontré plus haut (voy. p. 26, 73).

C. *Liste des auteurs.* — Morceaux choisis de prose et de vers des classiques français; Fénelon, *Dialogues des morts, Télémaque;* morceaux choisis de Buffon et de Guéneau de Montbeillard; la Fontaine, *Fables, Philémon et Baucis,* etc.; Racine, *Esther et Athalie.*

II. LANGUES ANCIENNES. — Étude simultanée du latin et du grec par la méthode suivie déjà pour la langue française et les langues modernes.

A. *Exercices oraux.*—1° Premiers exercices sur des phrases, sur de courts morceaux tirés des auteurs; à cette occasion, étude des déclinaisons, des conjugaisons, des différentes espèces de mots, des règles les plus simples de la syntaxe. Lecture nette de ces phrases, en marquant par la voix la distinction des syllabes longues et des syllabes brèves, préalablement indiquées sur le tableau [1]. Traduction orale du latin ou du grec en français, puis du français en latin et en grec, d'abord littéralement, puis avec des changements dans l'ordre des mots et dans la construction des phrases. Récitation de ces phrases et de ces courts morceaux déjà familiers à l'élève.

2° Après ces premiers exercices, on commencera l'étude d'auteurs simples et faciles d'après la même méthode, en tirant de la version, comme le voulaient les maîtres de Port-Royal et Rollin [2], la connaissance du vocabulaire et des règles, et, par suite, la pratique du thème.

1. Cette habitude permet d'établir la différence de sens de beaucoup de mots homonymes, tels que *pŏpulus, pōpulus, mănibus, mānibus, occidere, occĭdere, cecĭdi, cecīdi.* De plus elle prépare l'étude de la métrique et rend l'oreille sensible à l'harmonie des poètes anciens.

2. Fontaine, *Mémoire sur les écoles de Port-Royal:* « On leur faisait traduire plusieurs des bons auteurs latins avant que de les appliquer à écrire en cette langue et à faire des thèmes. Car comment veut-on qu'un enfant écrive en une langue qu'il ne sait pas et dont il a seulement appris les règles? Au lieu que la lecture des bons auteurs les met en état de composer ensuite et d'employer les expressions des auteurs qu'il a étudiés. » Rollin parle de même ( *Traité des Études,* I, 3): « Faut-il commencer par la composition des thèmes

3° A ce moment, étude régulière de la grammaire proprement dite, qu'on aura déjà consultée et pratiquée pour les déclinaisons, les conjugaisons, les différentes espèces de mots, à mesure qu'elles se seront rencontrées dans les exercices oraux. Récitation littérale de toutes ces formes ; réponses sur les règles de la syntaxe, avec récitation des *paradigmes*[1].

4° A la fin de la cinquième et en quatrième, quand on aborde l'étude des poètes, étude et exercices de prosodie latine et principes de prosodie grecque sur le modèle des exercices de prosodie française. Ils se borneront, pour ces classes, au vers hexamètre héroïque et au distique élégiaque, dont la connaissance est nécessaire à l'explication de Virgile et d'Ovide, d'Homère et des poètes gnomiques (Tyrtée, Solon, Théognis, etc.). Dans les classes supérieures on les étendra aux autres vers et aux strophes lyriques.

5° A partir du second semestre de la classe de cinquième, l'explication des auteurs latins et des auteurs grecs pourra être accompagnée, comme celle des auteurs français, d'un commentaire biographique, historique, littéraire.

6° Récitation de beaux morceaux d'auteurs latins et d'auteurs grecs dans la mesure indiquée plus haut.

7° Correction des devoirs.

---

ou par l'explication des auteurs ? A ne consulter que le bon sens et la droite raison, il semble que la dernière méthode devrait être préférée. Car, pour bien composer en latin, il faut un peu connaître le tour, les locutions, les règles de cette langue, et avoir fait amas d'un nombre assez considérable de mots, dont on sente bien la force, et dont on soit en état de faire une juste appréciation. Or, tout cela ne se peut faire qu'en expliquant les auteurs qui sont comme un dictionnaire vivant et une grammaire parlante, où l'on apprend par l'expérience même la force et le véritable usage des mots, des phrases et des règles de la syntaxe. »

1. La méthode que nous venons de tracer a été introduite avec succès, depuis deux ans, dans les premières classes du lycée Saint-Louis par un habile proviseur, M. Gautier. Nous avons eu récemment entre les mains les épreuves d'un excellent livre d'exercices latins rédigé, d'après les indications de M. Gautier, par M. Rittler, professeur de ce lycée. Ce n'est que l'application intelligente des principes fixés plus haut.

B. *Exercices écrits.* — A l'explication orale se joindra, au bout de quelques mois, l'explication écrite ou version, vigoureuse gymnastique dont l'utilité augmente à mesure que l'élève avance en âge, et qui profite à la pratique de la langue française et du style, comme à l'intelligence des langues anciennes. A la version latine et à la version grecque se joindra le thème écrit, comme complément du thème oral, et comme moyen d'appliquer les règles, de retrouver les idiotismes, de se plier au génie des langues. On ne sortira pas du thème de *règles* et du thème *d'imitation*, calqué sur un texte ancien ou emprunté à une traduction. Nous admettons aussi quelques traductions d'auteurs français encore tout imprégnés du génie des langues anciennes, tels que Montaigne, Bossuet, Rollin. Quant au thème d'*élégance*, qui consiste à transporter en latin ou en grec par d'ingénieuses périphrases, par de spirituels équivalents, des idées toutes modernes, un style tout français comme celui de la Bruyère, de Saint-Simon, de Montesquieu, de Buffon, c'est un tour de force auquel l'élève s'épuise sans profit sérieux.

Outre les versions et les thèmes, qui, vu le développement de l'enseignement oral, pourront être moins nombreux et plus courts qu'aujourd'hui, les élèves de quatrième feront de petits exercices de versification latine (vers hexamètres et distiques élégiaques scandés, retournés, reconstruits avec des indications de synonymes, d'épithètes, de périphrases). On pourra scander et retourner de même des vers grecs.

C. *Liste des auteurs.* — En latin, pour le début, un des ouvrages à l'usage des commençants, soigneusement revus d'après les sources anciennes, *Epitome historiæ sacræ, Appendix de diis, De viris illustribus urbis Romæ, Maximes tirées de l'Écriture sainte, Cours de versions latines extraites du recueil de Jacobs,* par M. Sommer [1]. — Puis, en seconde

1. Hachette.

année, *Selectæ e profanis scriptoribus historiæ* (en choisissant les morceaux extraits d'auteurs latins), Cornélius Népos, Justin, Quinte-Curce, Cicéron (lettres les plus faciles), Phèdre, Ovide (extraits faciles des *Métamorphoses*), Virgile (les trois premiers chants de l'*Énéide*).

En grec : une bonne *Chrestomathie, Cours de versions grecques extraites du recueil de Jacobs* (Sommer), Ésope, Évangile selon saint Luc, Élien, Dialogues des morts de Lucien, Xénophon (morceaux choisis de la *Cyropédie*, de l'*Anabase*, des *Entretiens mémorables* et de l'*Apologie de Socrate*), Hérodote (morceaux choisis), Plutarque (morceaux choisis des biographies).

III. LANGUES VIVANTES. — Continuation des exercices oraux indiqués pour la division élémentaire. Rôle de plus en plus grand de la conversation et de la lecture. Étude plus approfondie et plus synthétique de la grammaire. Explications lentes et commentées ; explications rapides d'auteurs plus faciles.

Pour le choix des auteurs, voyez les programmes en usage.

IV. HISTOIRE ET GÉOGRAPHIE. — 1° *Programmes.* — Comme un certain nombre d'élèves ne doivent pas poursuivre leurs études plus loin que la division de grammaire, nous croyons devoir faire entrer l'histoire de France dans le programme des cours de cette division. L'enseignement serait ainsi distribué :

Première année : histoire de l'Orient et de la Grèce ;

Deuxième année : histoire romaine ;

Troisième année : histoire de France avec l'indication des grands faits de l'histoire générale.

Nous conserverions pour la géographie le programme actuel :

Première année : géographie générale de l'Asie, de l'Afrique, de l'Amérique, de l'Océanie ;

Deuxième année : géographie générale de l'Europe, moin la France ;

Troisième année : géographie physique et politique de la France.

2° *Enseignement oral*. — Même méthode que pour la division élémentaire, avec plus de développements. Cependant pas de leçons trop savantes, pas d'expositions trop longues, afin qu'il reste du temps pour interroger les élèves, pour les appeler au tableau, pour les habituer aux plans analytiques, aux synchronismes, au tracé des cartes.

3° *Exercices écrits*. — A l'étude, la rédaction, si stérilement laborieuse, sera remplacée par de courts résumés méthodiques de la leçon du maître, par des lectures destinées à la compléter et à être, comme la leçon même, l'objet d'une interrogation, enfin par le tracé de cartes. De temps en temps on y joindra un court travail écrit, travail personnel qui formera le style au lieu de le gâter comme la rédaction (appréciation d'une guerre, d'un traité, d'une découverte, d'un général, d'un ministre, d'un roi, d'un personnage illustre, comparaison entre plusieurs grands hommes, etc.). Alors l'esprit travaillera au lieu de la main, et les élèves auront le temps de réfléchir, d'apprendre et de retenir.

V. ARITHMÉTIQUE. — Nous ne sommes pas compétent pour fixer dans ses détails le programme des études scientifiques dans cette division et dans la suivante. En sixième et en cinquième, l'arithmétique devrait avoir chaque semaine une heure déterminée, distincte des autres cours ; car, il faut l'avouer, en général son rôle est bien modeste ; le latin et le grec empiètent facilement sur la demi-heure qui lui est accordée une ou deux fois par semaine à la fin d'une classe. Cette séparation permettrait aussi de charger de cet enseignement, en sixième et en cinquième, comme on le fait en quatrième, un professeur spécial. Pour bien enseigner les éléments des sciences, ce n'est pas trop d'un homme qui réunisse à un savoir étendu et précis l'habitude et le goût de ces études.

Nous maintiendrions en quatrième les deux heures de cours, avec le programme actuel (opérations sur les nombres entiers, les nombres décimaux et les fractions, racines proportions, questions d'intérêt, notions préliminaires de géométrie).

VI. HISTOIRE NATURELLE. — Nous transporterions en cinquième, comme au temps de nos études, l'enseignement de l'histoire naturelle. La seconde et la philosophie, où les lettres et les sciences prennent tant de place, seraient déchargées, et cet enseignement agréable et facile, qui a sans cesse pour auxiliaire la vue même des animaux, des plantes et des minéraux, qui serait d'ailleurs préparé par les *leçons de choses* de la division élémentaire, apporterait aux études grammaticales une aimable et utile diversion. Il serait complété, comme de notre temps, par d'instructives promenades aux galeries du Muséum, à la ménagerie et au jardin botanique.

### Division supérieure.

Cette division comprend aujourd'hui quatre classes, la troisième, la seconde, la rhétorique et la philosophie. Nous tracerons à part le programme de cette dernière année, tout à fait distincte des précédentes.

Les élèves arrivent dans la division supérieure âgés en moyenne de quatorze à quinze ans. En vue des études spéciales de mathématiques qu'auront à faire, après la philosophie, les jeunes gens qui se destinent aux Écoles militaire, forestière, centrale, polytechnique, normale (section des sciences), on pourrait peut-être parcourir en deux années les cours d'humanités (troisième et seconde) et de rhétorique. Bien préparées par les trois classes précédentes, débarrassées de certaines tâches écrites très absorbantes (longues compositions latines en vers et en prose, thèmes latins et thèmes grecs, rédactions de toutes sortes), ces deux années suffiraient, à la rigueur, pour compléter l'étude des langues anciennes et achever l'éducation littéraire, qui d'ailleurs doit trouver encore un aliment dans le cours de philosophie. Nous avouons cependant que la distribution actuelle nous paraît préférable. Mais pour qu'elle fût sérieusement respectée, il faudrait élever de seize à dix-sept ans le *minimum* d'âge pour la première partie du baccalauréat, et reculer d'un an, ainsi qu'on tend à le faire, l'âge *maximum* d'admission aux écoles. Comme nous l'avons dit ailleurs, l'État n'y perdrait rien : les jeunes gens entreraient dans ses écoles plus mûrs d'esprit, plus formés de corps, plus capables de supporter un régime très rude et de suffire à des enseignements multipliés et difficiles. Nous croyons aussi que les élèves en droit et en médecine gagneraient à commencer leurs études à dix-huit ou dix-neuf ans, comme autrefois, au lieu de les aborder à dix-sept ans.

Le programme que nous allons tracer pourra s'appliquer à deux ou trois années de division supérieure :

### DISTRIBUTION DU TEMPS.

| | |
|---|---|
| Enseignement religieux.......... | 1 |
| Langue française.............. | |
| Langue latine................. | 14 (16 en rhétorique). |
| Langue grecque............... | |
| Langues vivantes.............. | 3 |
| Histoire et géographie.......... | 3 |
| Mathématiques (géométrie, cosmographie.).................. | 4 (2 en rhétorique). |
| Dessin d'imitation et dessin graphique ..................... | 2 |
| Total........... | 27 heures. |

Ce total excède d'une heure le règlement actuel ; cette différence se justifie pour cette division comme pour la division de grammaire.

I. Langue française. — A. *Exercices oraux*. 1° Continuation de la lecture à haute voix et de l'explication des auteurs avec commentaire.

2° Continuation des exercices de prosodie (troisième et seconde).

3° Récitation dans la mesure indiquée plus haut. Pas de concours trimestriels. Pour les œuvres dramatiques, distribution des dialogues entre plusieurs élèves, surtout dans les récapitulations.

4° Notions simples sur le style et la composition. Qualités générales, qualités particulières du style. De la phrase et de la période. Du style figuré et des figures les plus usitées. De l'invention. De la disposition. Notions sur les principaux genres en prose et en vers, à propos des auteurs. Notions d'histoire littéraire à propos des auteurs [1].

En rhétorique, étude très simple des règles les plus incontestables, à propos des auteurs et des sujets de composition.

5° Interrogations fréquentes sur toutes ces notions. Expositions orales par les élèves (comptes rendus de lectures, biographies, analyses d'un discours, d'une scène, d'un acte, d'un caractère, de deux ou plusieurs caractères comparés, d'une partie d'un ouvrage didactique tel que l'*Art poétique* de Boileau ou la *Lettre à l'Académie* de Fénelon).

1. Nous croyons que les notions d'histoire littéraire doivent être restreintes aux grands auteurs classiques de l'antiquité et de la France. Une histoire méthodique des trois littératures exigerait un temps qu'il est fort difficile de trouver parmi tant d'exercices. Ou bien le professeur, entraîné par le charme du sujet, le développera aux dépens d'études plus actuellement utiles, il fera au lycée un cours de Faculté; ou bien il devra se borner à une nomenclature sèche qui ne laissera dans l'esprit des jeunes gens que des impressions vagues : ils réciteront des formules apprises, ils n'auront pas de jugements personnels sur les écrivains. En revanche ils connaîtront fort mal les chefs-d'œuvre de Corneille, de Racine, de Molière, de Bossuet, de Pascal, de la Bruyère, qu'ils auraient dû étudier de près. L'épreuve des académies où l'on a prescrit une histoire suivie des trois littératures est concluante.

De plus, en rhétorique, discussion littéraire entre deux ou trois élèves sur un sujet indiqué d'avance et préparé [1].

6° Correction des devoirs avec la participation des élèves.

B. *Exercices écrits.* — En troisième et en seconde, descriptions, tableaux, portraits, parallèles, récits, fables, paraboles, dialogues, lettres, pensées littéraires et morales (*chries*), analyses littéraires.

En rhétorique, lettres, discours, dissertations littéraires et morales, analyses [2], correction de compositions des camarades.

*Liste des auteurs.* — Morceaux choisis de prose et de vers des classiques français. — Morceaux choisis des écrivains du seizième siècle. — Morceaux choisis des écrivains du dix-neuvième siècle. — Prosateurs : Pascal, *Pensées.* — Bossuet, *Discours sur l'histoire universelle* (troisième partie), *Oraisons funèbres, Choix de sermons.* — Fénelon, *Lettre à l'Académie, Dialogues sur l'éloquence, Sermon pour l'Épiphanie.* — La Bruyère, *Caractères.* — Bourdaloue, *Choix de sermons.* — Massillon, *idem.* — Voltaire, *Charles XII, Le siècle de Louis XIV.* — Montesquieu, *Considérations sur la grandeur et la décadence des Romains.* — Buffon, *Discours sur le style.*

Poètes : La Fontaine, Boileau, théâtre classique (Corneille, le *Cid, Horace, Cinna, Polyeucte,* le *Menteur.* — Racine, *Andromaque, Britannicus, Mithridate, Iphigénie, Athalie.*

---

1. Niemeyer conseillait cet exercice il y a soixante ans; les gymnases de l'Allemagne le pratiquent en *prima.* Nos enfants, qui passent pour plus éveillés et plus alertes, ne sauraient-ils y réussir ? Ce que nous avons vu dans quelques classes de rhétorique et, beaucoup plus souvent, en philosophie ne nous permet de conserver aucun doute. Ces exercices donnent à la classe plus d'intérêt et de mouvement, les élèves y gagnent en assurance, en précision dans la pensée, en facilité dans la parole. Ils ne se présentent plus à l'examen du baccalauréat timides et balbutiants; ils sont capables de recueillir leurs souvenirs et leurs idées, et de les exposer autrement que par monosyllabes.

2. Dans nos *Principes de composition et de style,* nous avons tracé les règles de toutes ces compositions graduées, avec des exemples empruntés souvent à de bons devoirs d'élèves.

— Molière, *Misanthrope*, *Femmes savantes*, *Avare*. — Voltaire, *Zaïre*, *Mérope*).

La lecture et l'étude de ces auteurs seraient réparties entre les deux ou trois années de la division supérieure.

II. LANGUES ANCIENNES. — A. *Exercices oraux*. — 1° Explication des auteurs; deux sortes d'explication : l'une lente, réfléchie (*statarische*), coupée par un examen critique des mots et de leurs variantes, par un commentaire biographique, historique, littéraire; l'autre rapide (*cursorische*), occupée uniquement du sens et de la suite des idées, soutenue par l'intérêt du sujet; alternance de l'une et de l'autre pour certains auteurs (Sophocle, Platon, Démosthène, Virgile, Horace, Salluste, Tacite); emploi habituel de la seconde pour les ouvrages les plus faciles (Homère, Hérodote, Euripide (sauf les chœurs), les Pères grecs, Tite-Live, discours de Cicéron, Térence, Plaute).

Nous avons indiqué déjà les avantages de ces explications rapides[1], sans lesquelles il n'est pas possible aux élèves de faire connaissance avec les chefs-d'œuvre de l'antiquité.

2° Continuation des exercices de prosodie latine et grecque à l'occasion des poètes; étude du vers iambique, du vers asclépiade, des principales strophes lyriques (alcaïque, saphique, asclépiade).

3° Étude des genres, notions d'histoire littéraire, comptes rendus, analyses, comme pour les auteurs français.

4° Exercice oral de thème latin et de thème grec (*extemporale*) (une heure par semaine) pour entretenir la connaissance du vocabulaire et des règles.

5° Récitation d'auteurs latins dans les mêmes conditions que pour les divisions précédentes[2].

6° Correction des devoirs avec la participation des élèves.

1. Voy. *Mémoire sur les gymnases et les lycées*, p. 22.

2. Vu la multiplicité des objets d'étude, nous ne croyons pas utile de maintenir dans la division supérieure la récitation d'auteurs grecs, qui est plus difficile et qui, en général, l'expérience le prouve, porte peu de fruit.

B. *Exercices écrits.* — Versions latines, versions grecques. — Petites compositions latines (récits, portraits, pensées). — En troisième et en seconde, exercices de versification latine (vers retournés, recomposés, etc.) sur l'hexamètre héroïque, le distique élégiaque, le vers iambique, le vers asclépiade, les principales strophes lyriques [1]. — Analyses en français d'auteurs latins et grecs.

C. *Liste des auteurs.* — Auteurs latins : Cicéron, *de Suppliciis, de Signis, pro Archia, Catilinaires, pro Milone, pro Ligario, pro Marcello, de Amicitia, de Senectute, de Oratore, Orator, de claris Oratoribus.* — Salluste. — Florus. — Tacite. — Morceaux choisis de Tite-Live (*Narrationes*). — *Conciones.* — Virgile (épisodes des *Géorgiques*, quelques *Églogues*, l'*Énéide*, du cinquième au douzième chant). — Horace. — Plaute, l'*Aululaïre.* — Térence, *Andrienne, Adelphes.* — Lucrèce, *Extraits.*

Auteurs grecs : Homère (*Iliade* et *Odyssée*). — Sophocle (*Œdipe roi, Antigone, Electre, Philoctète*). — Euripide (les deux *Iphigénie, Alceste, Médée, Hécube*). — Extraits d'Aristophane. — Hérodote. — Platon (*Criton, Apologie, Phédon*). — Démosthène (*Philippiques, Discours de la couronne*). — Choix de discours des Pères de l'Église grecque. (Explications lentes ou cursives, suivant l'ouvrage ou la partie d'ouvrage ; des analyses rattacheront ensemble les diverses parties, si l'on ne peut tout lire.)

III. LANGUES VIVANTES. — Même méthode que pour les divisions précédentes. — Classe en allemand ou en anglais. — Explications lentes et explications cursives.

Pour les auteurs, voyez les programmes en usage.

---

1. Nous estimons que la composition de longues pièces de vers latins ne peut être maintenue que comme une exception en faveur de quelques élèves privilégiés. C'était l'opinion de Port-Royal. En réalité, aujourd'hui comme il y a quarante ans, l'expérience de nos classes confirme le jugement de ces maîtres. Les neuf dixièmes de nos élèves « se morfondent sur leur matière, se tourmentent pour ne rien faire qui vaille ». Les longues heures qu'y dépensent les plus consciencieux seraient plus utilement appliquées à d'autres tâches.

IV. Histoire et géographie.

1° *Programme*. — Histoire du moyen âge et des temps modernes jusqu'en 1789, à répartir, comme aujourd'hui, entre trois années; entre deux, si l'on supprimait une des classes d'humanités.

Géographie physique, politique, économique des cinq parties du monde (une ou deux années). — Géographie physique, politique, économique de la France et de ses colonies. (Rhétorique.)

2° *Enseignement et exercices écrits*. — Même méthode que pour la division de grammaire.


V. Mathématiques. — Géométrie en deux années (ou en une année, si l'on supprime une des classes d'humanités). — Éléments de cosmographie en rhétorique. (Voyez les programmes en usage.)


### Classe de philosophie.

#### DISTRIBUTION DU TEMPS.

|  | HEURES. |
|---|---|
| Enseignement religieux | 1 |
| Philosophie | 8 |
| Langues vivantes | 2 |
| Histoire et géographie | 2 |
| Mathématiques | 5 |
| Physique et chimie | 5 |
| Dessin | 3 |
| Total | 26 |

I. Philosophie. — Nous ne croyons pas qu'il y ait à modifier le programme actuel, net, précis, bien divisé. Nous ne croyons pas surtout qu'il faille y introduire la métaphysique, qui aujourd'hui, en dépit du programme, tend à envahir l'enseignement. Au lycée, les cours doivent être élémentaires et se garder de cette phraséologie étrangère, de ces formules

savantes qui ferment la philosophie aux profanes et la ré-
servent à quelques adeptes. Ces belles études de psychologie, de logique, de théodicée, de morale, sont faites pour
élever l'esprit et le cœur; elles étaient [1], elles doivent rester
une excellente école pour le style comme pour la pensée.

A. *Exercices oraux.* — Interrogations, expositions orales,
discussions, sur une question de philosophie, indiquée
d'avance et préparée; analyses d'auteurs, correction des
devoirs.

B. *Exercices écrits.* — Dissertations françaises, analyses
d'auteurs, correction de compositions des camarades.

II. LANGUES VIVANTES. — Même méthode, programme
actuel.

III. HISTOIRE ET GÉOGRAPHIE. — Principaux faits de l'histoire contemporaine jusqu'en 1848. — Géographie contemporaine.

IV. SCIENCES. — Physique, chimie suivant les programmes
actuels.

Mathématiques. — Revue des cours depuis la quatrième
jusqu'à la rhétorique. — Éléments d'algèbre.

---

1. Dirigées par des maîtres tels que MM. J. Simon, Saisset, Jacques, Lorquet,
qui, dans une langue vraiment française, parlaient à nos cœurs ainsi qu'à notre
raison, elles nous charmaient et nous affermissaient dans l'amour du beau, du
bien et du vrai. Qu'on leur laisse ce caractère.

# TABLE DES MATIÈRES

FIN DE LA TABLE DES MATIÈRES

PARIS. — IMPRIMERIE E. MARTINET, RUE MIGNON, 2.

## EXTRAIT DU CATALOGUE

---

# LÉGISLATION ET STATISTIQUE DE L'INSTRUCTION PUBLIQUE
# PÉDAGOGIE

**Bersot**, membre de l'Institut, directeur de l'École normale supérieure : *Conseils d'enseignement, de philosophie et de politique.* 1 volume in-12, broché. **1 fr.**

**Bréal** (Michel), inspecteur général de l'instruction publique : *Quelques mots sur l'instruction publique en France.* 1 volume in-12, broché. **3 fr. 50**

**Compayré**, professeur à la Faculté des lettres de Toulouse : *Histoire critique des doctrines de l'éducation en France depuis le seizième siècle.* 2 volumes in-8, brochés. **15 fr.**

> Ouvrage couronné par l'Académie des sciences morales et politiques et par l'Académie française.

**Cournot :** *Des institutions d'instruction publique en France.* 1 volume in-8, broché. **7 fr. 50**

**Ferneuil :** *La réforme de l'enseignement en France.* 1 vol. in-12, br. **3 fr. 50**

**Jourdain** (Ch.), membre de l'Institut : *Le budget de l'instruction publique et des établissements scientifiques et littéraires depuis la fondation de l'Université impériale.* 1 volume in-8, broché. **7 fr. 50**

— *Le budget des cultes en France, depuis le concordat de 1801 jusqu'en 1859.* 1 volume in-8, broché. **7 fr. 50**

**Pécaut :** *Études sur l'éducation nationale.* 1 volume in-12, broché. **3 fr. 50**

**Riant** (D<sup>r</sup>) : *L'hygiène et l'éducation dans les internats* (lycées, collèges, pensionnats, maisons d'éducation, écoles normales, écoles spéciales, universités, etc.). 1 volume in-12, broché. **3 fr. 50**

**Simon** (Jules) : *Discours sur la situation de l'enseignement supérieur,* prononcé à l'assemblée générale des délégués des Sociétés savantes, le 19 avril 1873. Brochure in-12. **50 c.**

— *La réforme de l'enseignement secondaire.* 1 vol. in-12, broché. **3 fr. 50**

**Société pour l'étude des questions d'enseignement supérieur.** *Études de 1878 :* Universités de Bonn, de Gœttingue, de Heidelberg; Universités autrichiennes, belges, hollandaises; Universités d'Oxford et de Cambridge; Enseignement supérieur en France. 1 volume grand in-8. **15 fr.**

— *Études de 1879 :* Universités de Heidelberg, de Strasbourg et de Lemberg; Enseignement médical en Italie; Université de Londres; Enseignement médical des femmes à Saint-Pétersbourg; Enseignement supérieur en France; Travaux de la Société. 1 vol. grand in-8. **15 fr.**

# LES GRANDS ÉCRIVAINS
## DE LA FRANCE
## NOUVELLES ÉDITIONS

Publiées sous la direction de M. AD. REGNIER, membre de l'Institut
sur les Manuscrits, les Copies les plus authentiques et les plus anciennes impressions
avec variantes, notes, notices, portraits, fac-simile, etc.

### FORMAT IN-8

Publication qui a obtenu à l'Académie française le prix Archon-Despérouses,
en 1877

## CHAQUE VOLUME SE VEND SÉPARÉMENT 7 FR. 50

## I. — OUVRAGES COMPLETS

**Corneille (P.) :** *Œuvres*, nouvelle édition, par M. Ch. Marty-Laveaux,
12 vol. à 7 fr. 50 c. et un album.

> Tome I : Avertissement. — Notice biographique. — Avertissements placés par
> Corneille en tête des divers recueils de ses pièces. — Discours de l'utilité et des
> parties du poème dramatique. — Discours de la tragédie et des moyens de la
> traiter selon le vraisemblable ou le nécessaire. — Discours des trois unités d'action,
> de jour et de lieu. — Mélite. — Clitandre. — La Veuve. — Tome II : La Galerie
> du Palais. — La Suivante. — La Place Royale. — La Comédie des Tuileries. —
> Médée. — L'Illusion. — Tome III : Le Cid. — Horace. — Cinna. — Polyeucte. —
> Tome IV : Pompée. — Le Menteur. — La Suite du Menteur. — Rodogune. —
> Tome V : Théodore. — Héraclius. — Andromède. — Don Sancho d'Aragon. —
> Nicomède. — Tome VI : Pertharite. — Œdipe. — La Toison d'or. — Sertorius. —
> Sophonisbe. — Othon. — Tome VII : Agésilas. — Attila. — Tite et Bérénice. —
> Psyché. — Pulchérie. — Suréna. — Tome VIII : Imitation de Jésus-Christ. —
> Tome IX : Louanges de la Sainte Vierge. — L'office de la Sainte Vierge. — Les
> sept Psaumes pénitentiaux. — Vêpres des dimanches et complies. — Instructions
> et prières chrétiennes. — Les Hymnes du Bréviaire romain. — Version des hymnes
> de saint Victor. — Hymnes de sainte Geneviève. — Tome X : Poésies diverses. —
> Œuvres diverses en prose. — Lettres. — Tables. — Tomes XI et XII : Lexique
> couronné par l'Académie française.

**La Bruyère :** *Œuvres*, nouvelle édition, par M. G. Servois, 1er et 2e vol.
à 7 fr. 50 c.; 3e vol., 1re partie, 3 fr. 75 c.; 2e partie, 7 fr. 50 c.

> Tome I : Avertissement. — Notice biographique et notice bibliographique. — Les
> Caractères de Théophraste traduits du grec avec les Caractères ou les mœurs de ce
> siècle. — Appendice. — Clefs et commentaires. — Tome II : Suite et fin des
> Caractères. — Tome III, 1re partie : Avertissement. — Table alphabétique et
> analytique. — Tableau de concordance. — Notice bibliographique. — Additions et
> corrections. — Appendice aux lettres. — 2e partie : Préface. De la langue de La
> Bruyère. — Introduction grammaticale. — Orthographe. — Lexique.

**Malherbe :** *Œuvres*, nouvelle édition, par M. Ludovic Lalanne. 5 volumes
à 7 fr. 50 c. et un album.

> Tome I : Avertissement. — Notice biographique. — Appendice. — Vie de Malherbe
> par Racan. — Notice bibliographique. — Pièces attribuées à Malherbe. — Des
> portraits de Malherbe. — Poésies. — Pièces dont la date est incertaine. —
> Fragments sans date. — Appendice. — Traductions. — Tome II : Traduction du
> Traité des bienfaits de Sénèque. — Traduction des Épîtres de Sénèque. —
> Tome III : Préface. — Notice par M. Bazin. — Lettres. — Appendice. — Tome IV
> Lettres. — Fragments. — Commentaire sur Desportes. — Tables alphabétiques. —
> Tome V : Lexique.

**Racine** (Jean) : *Œuvres*, nouvelle édition, par M. P. Mesnard. 8 volumes
à 7 fr. 50 c.; un vol. de musique à 5 fr. et un album.

> Tome I : Avertissement. — Notice biographique. — Mémoires contenant quelques
> particularités sur la vie et les ouvrages de Jean Racine. — La Thébaïde ou les
> Frères ennemis. — Alexandre le Grand. — Tome II : Andromaque. — Les
> Plaideurs. — Britannicus. — Bérénice. — Bajazet. — Tome III : Mithridate. —
> Iphigénie. — Phèdre. — Esther. — Athalie. — Tomes IV et V : Poésies diverses.
> Œuvres diverses en prose, d'histoire, etc. — Tome VI : Lettres. — Tome VII :
> Lettres. — Tables. — Tome VIII : Lexique par Ch. Marty-Laveaux. — Musique
> des chœurs d'Athalie, d'Esther et des cantiques spirituels.

**Sévigné** (Mme de) : *Lettres de Mme de Sévigné*, de sa famille et de ses amis,
nouvelle édition, par M. Monmerqué. 14 vol. à 7 fr. 50 c. et un album
à 15 fr.

> Tome I : Avertissement. — Notice biographique. — Lettres. — Tomes II à X :
> Lettres. — Tome XI : Avertissement. — Lettres inédites de Mme de Sévigné. —
> Lettres inédites de divers. — Notice sur Mme de Simiane. — Lettres de Mme de
> Simiane. — Table générale des sources manuscrites et imprimées. — Avertissements
> et préface des éditions originales et de l'édition de 1818. — Notice bibliographique.
> — Tome XII : Table alphabétique et table analytique des matières. — Appendice
> du tome XII : Additions et corrections. — Lettres inédites de la marquise de
> Sévigné et du comte de Grignan. — Tomes XIII et XIV : Lexique de la langue de
> Mme de Sévigné, avec une introduction grammaticale et des appendices, par
> E. Sommer. (Ouvrage couronné par l'Académie française.)


# II. — OUVRAGES EN COURS DE PUBLICATION


**La Rochefoucauld** : *Œuvres*, nouvelle édition, par MM. D. L. Gilbert et
J. Gourdault. 3 vol. à 7 fr. 50 c. et un album.

> Les deux premiers volumes sont en vente.
>
> Tome I : Avertissement. — Notice bibliographique. — Portrait du duc de La Roche-
> foucauld fait par lui-même. — Portrait du cardinal de Retz par La Rochefoucauld.
> — Réflexions ou sentences et maximes morales. — Réflexions diverses. — Appen-
> dices. — Jugement des contemporains sur les maximes de La Rochefoucauld. —
> Tables. — Tome II : Mémoires (1624-1652). — Apologie de M. le prince de
> Marcillac. — Appendice. — Table alphabétique des Mémoires et de l'Apologie.

**Molière** : *Œuvres*, nouvelle édition, par MM. F. Despois et P. Mesnard.
Environ 10 vol. et un album à 7 fr. 50 c.

> Les quatre premiers volumes sont en vente.
>
> Tome I : Avertissement. — Préface de l'édition de Molière de 1682. — Notice
> biographique. — Premières farces attribuées à Molière. — L'Etourdi ou les
> Contre-temps. — Le Dépit amoureux. — Appendice. — Tome II : Les Précieuses
> ridicules. — Sganarelle ou le Cocu imaginaire. — Dom Garcie de Navarre ou le
> Prince jaloux. — L'Ecole des maris. — Tome III : Les Fâcheux. — L'Ecole des
> femmes. — La Critique de l'Ecole des femmes. — L'Impromptu de Versailles. —
> Tome IV : Avertissement. — Le mariage forcé. — Les plaisirs de l'île enchantée.
> — La princesse d'Elide. — Le Tartuffe ou l'Imposteur.

**Retz** (cardinal de) : *Œuvres*, nouvelle édition, par MM. A. Feuillet, J. Gourdault et L. Chantelauze. 8 vol. et un album à 7 fr. 50 c.

> Les quatre premiers volumes sont en vente.
>
> Tome I : Avertissement. — Notice biographique. — Notice sur les Mémoires. —
> Mémoires, 1re partie (1613-1643). — 2e partie (1643-1648). — Appendice. —
> Additions et corrections. — Tomes II à IV : Mémoires (suite et fin). — Appen-
> dices.

**Saint-Simon** (duc de) : *Mémoires complets et authentiques*, nouvelle édition,
par M. de Boislisle.

> Les deux premiers volumes sont en vente à 7 fr. 50 c. le volume.

# ÉDITIONS SAVANTES

## DES PRINCIPAUX CLASSIQUES LATINS ET GRECS

Textes publiés d'après les travaux les plus récents de la philologie, avec des commentaires critiques et explicatifs, des introductions et des notes, format grand in-8.

**VIRGILE :** ŒUVRES, publiées par M. Benoist, professeur à la Faculté des lettres de Paris : BUCOLIQUES et GÉORGIQUES; 2⁰ édition, revue et augmentée d'un choix de variantes. 1 vol. 7 fr. 50 c. — ÉNÉIDE. 2⁰ édition revue et augmentée. 4 volumes comprenant chacun trois livres.

**TACITE :** ANNALES, suivies du Testament politique d'Auguste (inscription d'Ancyre), publiées par M. E. Jacob, professeur de rhétorique au lycée Louis-le-Grand. 2 volumes, 15 fr.

**CORNELIUS NEPOS**, publié par M. Monginot, professeur au lycée Fontanes. 1 volume, 6 fr.

**DÉMOSTHÈNE :** LES HARANGUES, publiées par M. Weil, correspondant de l'Institut, maître de conférences à l'École normale supérieure. 1 volume, 8 fr.

> Ce volume, outre *les Philippiques et les Olynthiennes*, comprend les harangues : *Sur les classes, pour la liberté des Rhodiens, pour les Mégalopolitains, sur la paix, sur l'Halonèse, sur la Chersonèse, sur la lettre de Philippe, sur les réformes et sur le traité avec Alexandre.*

— LES PLAIDOYERS POLITIQUES, 1ʳᵉ série : Leptine. — Midias. — Ambassade. — Couronne, publiés par M. Weil. 1 volume, 8 fr.

**EURIPIDE :** SEPT TRAGÉDIES, publiées par M. Weil. Ouvrage couronné par l'Association pour l'enseignement des études grecques. 2⁰ édition remaniée. 1 fort volume, 12 fr.

> Chacune des sept tragédies que comprend ce volume, se vend séparément 2 fr. 50 c.

**HOMÈRE :** ILIADE, publiée par M. A. Pierron. Ouvrage couronné par l'Association pour l'encouragement des études grecques. 2 volumes, 16 fr.

— ODYSSÉE, suivie de la *Batrachomyomachie*, des *Hymnes homériques*, etc., publiée par M. A. Pierron. 2 volumes, 16 fr.

**SOPHOCLE :** TRAGÉDIES, publiées par M. Tournier, maître de conférences à l'École normale supérieure. Ouvrage couronné par l'Association pour l'encouragement des études grecques; 2⁰ édition. 1 fort volume, 12 f.

> Chacune des sept tragédies que comprend ce volume, se vend séparément 2 fr. 50.

PARIS — IMPRIMERIE E. MARTINET, RUE MIGNON, 2

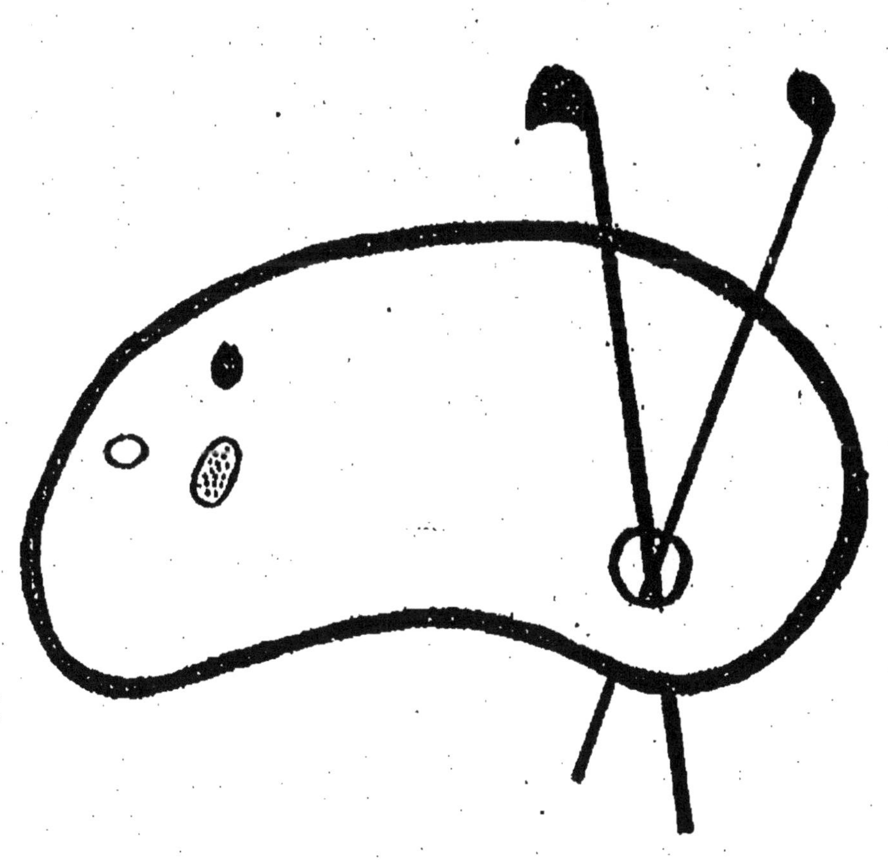


ORIGINAL EN COULEUR
NF Z 43-120-8